LIDERANÇA QUE MOVE

ALDENIRA MOTA

LIDERANÇA QUE MOVE

Como desenvolver soft skills e engajar equipes de alta performance

Senac

Editora Senac Rio — Rio de Janeiro — 2025

Senac RJ

Presidente do Conselho Regional
Antonio Florencio de Queiroz Junior

Diretor Regional
Sergio Arthur Ribeiro da Silva

Diretora Administrativo-financeira
Jussara Alvares Duarte

Assessor de Inovação e Produtos
Claudio Tangari

Editora Senac Rio
Rua Pompeu Loureiro, 45/11º andar
Copacabana — Rio de Janeiro
CEP: 22061-000 — RJ
comercial.editora@rj.senac.br
editora@rj.senac.br
www.rj.senac.br/editora

Gerente/Publisher: Daniele Paraiso
Coordenação editorial: Cláudia Amorim
Prospecção: Manuela Soares
Coordenação administrativa: Vinícius Soares
Coordenação comercial: Alexandre Martins

Preparação de originais/copidesque/revisão de texto: Andréa Regina Almeida

Projeto gráfico de capa e miolo/ diagramação: Roberta Silva

Impressão: Coan Indústria Gráfica Ltda.
1ª edição: outubro de 2025

CIP-BRASIL. CATALOGAÇÃO NA PUBLICAÇÃO
SINDICATO NACIONAL DOS EDITORES DE LIVROS, RJ

M871L

Mota, Aldenira
Liderança que move : como desenvolver soft skills e engajar equipes de alta performance / Aldenira Mota. - 1. ed. - Rio de Janeiro : Ed. SENAC Rio, 2025.
192 p. ; 23 cm.

Inclui bibliografia
ISBN 978-85-7756-559-7

1. Liderança. 2. Capacidade executiva. 3. Sucesso nos negócios. 4. Administração. I. Título.

25-101176.0 CDD: 658.4092
CDU: 005.322:316.46

Gabriela Faray Ferreira Lopes - Bibliotecária - CRB-7/6643

À minha família, pela força silenciosa que me sustenta, e a cada líder e cliente que inspirou estas páginas. Este livro é para vocês.

SUMÁRIO

APRESENTAÇÃO

Escrever este livro foi mais que organizar ideias — foi revisitar experiências, escutar histórias, lembrar aprendizados e colocar no papel aquilo que, para mim, é o que realmente faz a liderança valer a pena: transformar pessoas e contribuir para que cada um se sinta parte de algo maior.

Não acredito em fórmulas prontas. Acredito em presença, em intenção e em prática diária. E acredito, sobretudo, que todo líder tem o poder de deixar marcas — nas conversas que conduz, nos silêncios que oferece, nas decisões que toma.

Minha esperança é que este livro ajude você a enxergar que é possível liderar com mais clareza, com mais coragem e com mais sentido. Que você não está sozinho nessa caminhada. Que vale a pena escolher um caminho que une resultado e vínculo, estratégia e cuidado, performance e propósito.

Você não precisa ser perfeito. Precisa ser consciente.

Desejo que você seja um líder que inspira. Que cultiva ambientes saudáveis. Que valoriza gente. Que celebra conquistas, mas também sustenta processos. Que aprende com os erros, mas não se apequena diante deles. Que olha para o outro — e para si — com generosidade.

A liderança humanizada começa quando termina o automatismo. E ela começa todos os dias, nas pequenas decisões.

Obrigada por caminhar comigo. Com carinho e confiança no que podemos construir juntos.

AGRADECIMENTOS

A Deus, que é o meu fundamento, minha fonte de coragem e inspiração.

Aos meus pais, Almiro e Belmira, os quais me ensinaram valores que carrego como herança e fortaleza.

Ao meu esposo, Eladio Prado, e às minhas filhas, Ana Vitória e Valentina, que são meu porto seguro, minha alegria e razão de perseverança.

Aos meus amigos, que tornam a caminhada mais leve, e aos parceiros de trabalho, que caminham comigo com apoio, profissionalismo e dedicação.

Aos meus clientes e líderes com quem já caminhei, que me inspiram diariamente e foram parte essencial da construção destas páginas.

Este livro é fruto da fé, da família, das relações e de cada encontro que moldou a líder e a mulher que sou.

INTRODUÇÃO

Os resultados não vêm apesar das pessoas — eles vêm através delas.

Para quem é este livro e por que ele não podia esperar até amanhã

Há um ruído que percorre os corredores corporativos brasileiros. Ele não vem dos teclados nem dos alertas do Slack; vem das pessoas que trabalham caladas, contidas, evitando "chamar atenção" em uma cultura em que a próxima meta quase sempre custa um pedaço de humanidade.

Foi para compreender — e transformar — esse ruído que, ao longo de minha trajetória acadêmica, conduzi um estudo exploratório sobre a política pública de mídia-educação no município do Rio de Janeiro. Entre 1993 e 2016, entrevistei burocratas de alto e médio escalão da Secretaria Municipal de Educação do Rio de Janeiro (SME-RJ) e da MultiRio para entender como seus estilos de liderança impactavam a formulação e a execução da política.

A análise documental e as conversas em profundidade revelaram um padrão que atravessa setor público e privado: quando faltam soft skills — especialmente autoconhecimento, comunicação assertiva e afetiva, trabalho em equipe — e quando modelos mentais limitantes comandam o palco, até as melhores iniciativas emperram. Números e relatórios, porém, contam apenas metade da história. Nos últimos anos, tenho acompanhado centenas de gestores que sofrem em silêncio porque necessitam conciliar pressão por resultados com cuidado genuíno pelas pessoas. Alguns viram o brilho da própria equipe apagar; outros carregam, até hoje, a culpa de um burnout coletivo. Em quase todos os casos, o problema não era a técnica — era o fator humano estruturado por soft skills conscientes.

Este livro é um mapa para construir essa estrutura. Na Parte I, você entenderá por que o modelo tradicional de comando e controle não resiste mais às exigências de um Brasil pós-pandemia. A Parte II mergulha nos quatro pilares — autoconhecimento, ruptura de modelos mentais limitantes, comunicação assertiva e afetiva, bem como liderança colaborativa e trabalho em equipe — apresentados como soft skills essenciais à liderança humanizada. A Parte III traz aceleradores de performance que funcionam apenas quando esses pilares estão sólidos. Por fim, a Parte IV discute carreira, marca pessoal e as tendências que já redesenham o futuro da liderança. Cada capítulo termina com um exercício imediato para que a teoria salte da página para seu cotidiano antes mesmo de você virar a folha.

Se você é um líder, gestor ou empreendedor que busca resultados sem sacrificar pessoas — bem-vindo. Este livro não podia esperar até amanhã porque suas equipes também não podem. Agora, vire a página e descubra por que o autoconhecimento é o primeiro passo para desenvolver soft skills e liderar de maneira verdadeiramente humanizada.

PARTE I

POR QUE LIDERANÇA HUMANIZADA?

CAPÍTULO 1 - CRISE DO MODELO TRADICIONAL

> As pessoas não abandonam empresas — abandonam chefes.

Antes de iniciar as histórias e os dados que compõem este capítulo, é importante deixar claro o propósito desta primeira parte do livro: provocar consciência. O que você verá a seguir não é apenas um conjunto de relatos ou estatísticas — é um convite para enxergar com mais clareza um padrão silencioso, repetido e muitas vezes romantizado no mundo do trabalho: o modelo tradicional de liderança.

Esse modelo, marcado por rigidez, comando e controle, ainda é tratado por muitas empresas como uma norma inquestionável. Mas há uma grande diferença entre o que é comum e o que é normal. E o que tem sido comum no mundo corporativo está adoecendo as pessoas, travando o potencial das equipes e minando os resultados que tanto se busca alcançar.

Meu objetivo aqui não é apontar culpados, mas, sim, iluminar o que deve ser revisto. Mostrar, com base em dados, pesquisas e histórias reais, que o estilo de liderança que ignora as dimensões emocionais, relacionais e humanas (sim, humanas no sentido de respeitosas, empáticas e conectadas com o valor de cada indivíduo) já não responde às necessidades das organizações, dos colaboradores e da sociedade.

Há outro caminho — e ele começa com um passo essencial: a consciência. Quando líderes percebem que podem construir ambientes mais saudáveis e produtivos ao mesmo tempo, e que respeito não é o oposto de performance, mas, sim, sua base, uma nova cultura começa a se formar.

É com esse olhar que começamos o capítulo: expondo o desgaste silencioso que se esconde sob rotinas aparentemente normais, mas que já não deveriam ser. Porque o "novo normal" deve, urgentemente, incluir relações mais respeitosas, líderes mais preparados e empresas mais conscientes.

1.1 Quando o copo transborda sem aviso

Marcos B., 42 anos, gerente de operações em uma indústria catarinense, não acordou em um dia específico decidido a pedir demissão. A verdade é que a carta de saída dele foi escrita em parcelas minúsculas ao longo de treze meses.

Segunda-feira, 1 h 4 min, o celular vibra: e mail urgente — "relatório para ontem". Marcos minera dados em planilhas enquanto o resto da casa dorme.

Terça-feira, 9 h 15 min: na reunião diária, o diretor exige metas 40% maiores. Marcos pergunta se receberam novos recursos; o diretor responde com uma bronca pública.

Quarta-feira, 14 h 32 min: o chefe entra na área de produção; o ruído de conversas some como se alguém tivesse apertado mute. Marcos ouve apenas cliques nervosos de teclado.

Quinta-feira, 12 h 7 min: almoço no refeitório. Dois colegas comentam que, se errarem, a chefia "faz questão de expor na frente de todo mundo — para servir de exemplo". Marcos engole a comida, mas a acidez do medo permanece.

Sexta-feira, 20 h 58 min: a filha mais nova pergunta se ele estará no recital da escola. Ele hesita. O celular vibra de novo.

Foi assim, gota a gota, que o copo transbordou. Quando finalmente entregou a carta de demissão, o diretor pareceu surpreso: "Mas você é um dos melhores!" Marcos sorriu, mas por dentro pensou: "Exatamente — e mesmo assim não aguento mais."

Talvez você reconheça peças desse quebra-cabeça: notificações que piscam às 23 h, reuniões unilaterais em que o gestor fala 90% do tempo, um silêncio tão denso que parece absorver oxigênio. Esses sinais formam a crise do modelo tradicional de liderança — sistema ainda teimosamente dominante, herdeiro direto das linhas de montagem do século XX, em que comando, controle e pressão contínua eram sinônimo de eficiência.

Mas repare nos detalhes que não cabem no indicador de produtividade:

- Notificações fora de hora não são apenas incômodos digitais; elas contam ao cérebro que nunca é seguro descansar. O resultado? Uma equipe que responde rápido, mas cria devagar.
- Reuniões unilaterais não são apenas perda de tempo; elas ensinam que questionar é perigoso. Ideias morrem antes de nascer, e o gestor passa a consumir a própria criatividade como fonte única de inovação.
- Silêncio pesado não é simples timidez coletiva; é um alarme de incêndio emocional. Quando ninguém ousa discordar, problemas pequenos se tornam crateras porque a verdade circula tarde demais.

Cada um desses sintomas é como um parafuso que enferruja devagar: pode parecer pequeno, mas, quando finalmente quebra, derruba a estrutura inteira. E o mais irônico? Esse modelo foi criado para maximizar produção, mas hoje é o maior gargalo para a produtividade de que ele se orgulhava. Afinal, conhecimento, criatividade e colaboração — o novo petróleo das organizações — não florescem em solo de medo.

Portanto, se essas peças soam familiares, você não está diante de um mero desconforto passageiro; está de frente para um sistema que precisa ser desmontado e remontado com peças de outra natureza: confiança, autonomia e propósito compartilhado. Nos próximos capítulos, você aprenderá a substituir cada engrenagem enferrujada por mecanismos que impulsionam, em vez de travar, a energia humana.

1.2 Radiografia da crise

Depois do colapso silencioso de Marcos, vale perguntar: esse desgaste é exceção ou regra? Em 2024, a Great Place to Work Brasil entrevistou 98 mil profissionais e descobriu que 46% dos pedidos de demissão foram motivados pela "falta de liderança humana". Ao mapear 1.250 empresas, a Fundação Dom Cabral constatou que 3 em cada 4 gestores jamais receberam treinamento formal em soft skills. Já o Ministério da Saúde estimou perdas de R$ 7,3 bilhões/ano em produtividade por afastamentos ligados ao burnout. Esses números não são estatísticas distantes: muitas vezes aparecem no balanço como prazos descumpridos, retrabalho e rotatividade em espiral.

Mas o dado mais inquietante não cabe em planilha: ele se infiltra no clima do corredor. É o atraso de uma entrega que faz efeito cascata no restante do cronograma; é a conta de luz que dobra porque equipes passam noites "apagando incêndio" ocasionados por falhas que ninguém ousou sinalizar; é o talento promissor que, antes mesmo de completar um ano, decide tentar algo "com mais propósito" — e não deixa manual de transição.

Para cada porcentagem de demissão registrada, há um cliente que esperou mais do que prometemos; para cada gestor sem treinamento em soft skills, há um feedback mal dado que mata a iniciativa de alguém por semanas; para cada bilhão perdido em burnout, há histórias pessoais de noites sem dormir, consultas médicas, medos calados. Ou seja, é uma crise silenciosa que se retroalimenta toda vez que a pressão aumenta sem suporte equivalente. E foi isso que fez a Fernanda L., gerente de recursos humanos em uma fabricante de autopeças, entrar na sala do comitê executivo com um arquivo chamado Retrato do Engajamento — 1º semestre. Ela sabia que os números seriam indigestos, mas decidiu trocar os gráficos por uma narrativa.

"Quero apresentar três rostos, não três porcentagens", começou.

Rosto 1 — Lucas, operador de controle numérico computadorizado. Em março, Lucas pediu licença por ansiedade; passou 21 dias afastado. Enquanto isso, duas linhas de produção ficaram sem revezamento noturno, gerando horas extras de R$ 38 mil e um atraso de 18 mil peças.

Rosto 2 — Paula, analista de compras. Em abril, ela entregou a carta de demissão depois de seis meses. Custou R$ 14 mil entre recrutamento, treinamento e curva de aprendizado. O backlog de pedidos disparou 27% na semana seguinte.

Rosto 3 — Ricardo, supervisor de pintura. Ainda está na fábrica, mas preencheu a pesquisa de clima com nota 1 para confiança na liderança. Seu turno registrou o dobro de retrabalhos em maio: perda de R$ 11.500 em tintas e energia.

Fernanda, então, projetou um número único: R$ 63.500 — soma direta dos casos em apenas três meses. "Multipliquem por quatro trimestres e por todos que não aparecem aqui", disse, apontando para a tela em branco.

O diretor industrial ajeitou os óculos e disse: "Nós sempre conferimos OEE (efetividade geral dos equipamentos) e PPM (defeitos por milhão), mas nunca colocamos preço em silêncio e cansaço."

Fernanda encerrou sem moral da história, apenas uma pergunta: "Quanto desse valor vocês preferem investir em metas impossíveis e quanto preferem investir em líderes preparados para cuidar das pessoas?"

Silêncio cheio de constrangimento. Pela primeira vez, o CFO pediu a palavra: "Marque uma apresentação com todos os supervisores. Precisamos entender onde, exatamente, o cuidado começa a faltar."

Ali, a crise saiu do campo abstrato dos relatórios e ganhou CPF, custo e urgência.

Pergunta-espelho

Quando foi a última vez que alguém de sua equipe discordou de você em público?

Se precisou pensar mais de dez segundos, há sintomas da crise respirando em seu time.

1.3 Como o modelo se instalou

1.3.1 Taylor, Ford e a era da produtividade mecânica

No começo do século XX, Frederick Taylor caminhava pelas oficinas da Midvale Steel com um cronômetro no bolso e um bloco de anotações na mão. Seu objetivo era quase cirúrgico: fatiar cada tarefa até descobrir o segundo exato que separava "esforço necessário" de "desperdício". Se um operário demorava nove segundos para encaixar um eixo, Taylor buscava o gesto que o faria levar oito. Esse olhar de relojoeiro ecoou pela indústria como rastro de pólvora: em pouco tempo, fábricas de toda parte passaram a medir, tabelar e ditar cada movimento humano.

Henry Ford levou o princípio ao limite. Na nova planta de Highland Park, 1913, ele instalou a esteira contínua que arrastava o chassi do Modelo T por 27 estações, cada uma responsável por um microgesto. Um trabalhador apertava dois parafusos, outro encaixava um farol, o terceiro testava a buzina. O carro nascia em 93 minutos, e o salário dobrado de cinco dólares por dia atraía multidões. Era o triunfo da obediência: substituir variação por escala, autonomia por repetição, voz por silêncio.

Durante décadas, a lógica pareceu inquestionável. Produtos mudavam devagar, concorrentes eram locais, mercado e tecnologia dançavam a passos curtos demais para desafiar o compasso mecânico. A mão de obra aceitava repetir o mesmo gesto quinhentas vezes no turno porque enxergava no fim do mês o ticket de entrada para uma vida menos incerta que a lavoura ou a oficina artesanal.

Mas havia um preço invisível: quando o trabalho vira coreografia rígida, a mente se acomoda. Se algo sai do roteiro — peça fora de medida, demanda inesperada, pandemia um século depois — o sistema emperra, porque a capacidade de resolver problemas foi trocada por conformidade. Esse é o legado que muitas empresas carregam até hoje: processos pensados para um mundo previsível, comandados por líderes treinados para premiar silêncio e punir desvio, mesmo quando o desvio poderia ser a faísca de inovação que mantém a organização viva.

1.3.2 A bênção (e a maldição) da burocracia

Max Weber olhou para o caos das primeiras indústrias e sugeriu um antídoto simples: clareza absoluta de papéis, regras para tudo, decisões que sobem e descem por canais definidos. Durante décadas, essa arquitetura foi um porto seguro. Em vez de depender do humor do dono da fábrica, as pessoas sabiam exatamente o que preencher, em qual formulário e a quem entregar.

O problema é que ordem em excesso fabrica eco. Quando cada pedido precisa de três carimbos, as boas ideias se perdem nas gavetas; quando o chefe assina até compra de caneta, ninguém se sente convidado a propor algo novo. Burocracia, então, vira uma muralha: protege do caos exterior, mas também isola o oxigênio da criatividade.

Pense na cena clássica dos anos 1970: um supervisor com a prancheta amarela anota o ritmo da linha; vinte metros adiante, um funcionário repete um gesto por oito horas. Se algo sai do trilho, a primeira reação é procurar o formulário de ocorrência — não a solução. O resultado é previsibilidade, mas também lentidão. O mundo lá fora acelera; dentro do prédio, o processo segue o compasso do carimbo.

1.3.3 Entrada na economia do conhecimento

Em 1959, Peter Drucker anunciou o nascimento do "trabalhador do conhecimento" — alguém pago não pela força do braço, mas pela qualidade das ideias. Sessenta anos depois, algoritmos reescrevem produtos entre um sprint e outro, e clientes fazem upgrade de expectativas todos os trimestres.

Mesmo assim, muitos escritórios mantêm rituais que fariam sentido apenas na Detroit de Ford: cartão de ponto digital, aprovação em cascata, reuniões que atualizam status em vez de resolver problemas. O resultado é um paradoxo: empresas cheias de gente inteligente tomando decisões tão devagar quanto o fax.

Na economia do conhecimento, vantagem competitiva mora em três verbos: aprender, compartilhar, adaptar. Aprende-se quando existe espaço para errar rápido; compartilha-se quando há confiança de que ninguém será ridicularizado; adapta-se quando o líder troca o "faça porque eu mando" pelo "como podemos melhorar juntos?". Quando esses verbos não encontram espaço, o talento pede a conta e vai para a próxima empresa que valoriza gente e aprendizado — levando junto a inovação que o modelo antigo insistia em controlar.

1.4 O custo invisível do turnover

Imagine uma equipe de 10 profissionais com salário médio de R$ 8 mil. Quando um talento sai, você gasta entre dois e três salários para contratar, treinar e esperar que a curva de aprendizado alcance o nível anterior. Se o turnover anual for de 30% — realidade nada rara em setores de alta pressão —, a empresa queima cerca de R$ 240 mil ao ano. Dinheiro que poderia financiar dois projetos de inovação ou um programa completo de bem-estar.

Esse valor, contudo, é apenas a ponta do iceberg. Ele não captura:

- Retrabalho silencioso enquanto o novo profissional "pega no tranco".
- Autoconfiança do time, que encolhe sempre que alguém vai embora.
- Reputação de mercado — talentos conversam entre si e evitam empresas com histórico de fuga.

Depoimento de Sabrina A., analista sênior de RH

"Quando o Felipe entrou no nosso Programa Trainee, todo mundo percebeu que ele tinha 'algo a mais'. Em seis meses, desenhou um painel de indicadores que economizou trinta horas semanais de conferência manual. No oitavo mês, apresentou um pitch que fez a diretoria aprovar um projeto de automação de R$ 2 milhões.

Um dia, ele me chamou para um café: 'Saio no fim do ciclo, Sabrina. Adoro o desafio técnico, mas meu gestor não se importa se eu estou aprendendo ou só apagando incêndio.'

Perder o Felipe custou bem mais que a multa rescisória. Pagamos R$ 18 mil ao recrutador, investimos R$ 12 mil em treinamentos e desperdiçamos algo impossível de precificar: três projetos engavetados porque ninguém mais dominava o código-fonte que ele criou.

O diretor financeiro me perguntou se valia insistir em programas de jovens talentos. Respondi que sim — mas que primeiro precisávamos formar líderes que segurassem esses talentos aqui dentro. Turnover, no fundo, é uma taxa de juros sobre liderança fraca."

Por isso digo que liderança humanizada é a única capaz de gerar resultados sustentáveis. Não se trata de suavizar metas nem de trocar performance por afeto; trata-se de compreender que metas e afeto caminham no mesmo compasso. Cada conversa de alinhamento, cada feedback dado no tempo certo, cada decisão tomada à luz dos valores coletivos funciona como um depósito no "banco de confiança" da equipe. Quando esse saldo é alto, as pessoas se arriscam mais, pensam além do escopo e dividem conhecimento sem medo de perder relevância. Quando o saldo é baixo, qualquer iniciativa ousada vira ameaça, e o departamento se transforma em condomínio de silêncios.

A saída de um talento, então, não é um evento isolado: é o sintoma visível de uma conta-corrente emocional abandonada. Liderar de maneira humanizada significa fazer depósitos diários nesse banco — escuta ativa, reconhecimento genuíno, clareza na comunicação — para que, quando o mercado mudar ou o projeto falhar, a equipe tenha fôlego emocional para insistir e recriar.

Em vez de corrigir rotatividade com aumentos pontuais ou campanhas para atrair, reter talentos e aumentar o engajamento, o líder humanizado investe no que realmente reduz o turnover: pertencimento, autonomia responsável e propósito compartilhado.

Pense rápido: se você investisse metade desse montante em lideranças mais bem preparadas, quanto economizaria em um triênio?

Atividade

Calculadora de custo humano

1. Liste quantos membros da equipe saíram no último ano.
2. Para cada salário bruto perdido, multiplique por 2,5 (custo médio de reposição, segundo a consultoria Aon Hewitt).
3. Some os valores.
4. Pergunte-se: "Que melhoria de cultura custaria menos que isso?"

(Use as linhas para anotar.)

1.5 Quem ainda defende o modelo antigo?

Pesquisa do MIT Sloan Management Review (2024) mostra que equipes de alta pressão e baixo suporte geram 21% mais atrasos na comunicação de falhas que equipes com segurança psicológica elevada. Informação reprimida custa caro.

Quem continua erguendo a bandeira do "comando e controle" costuma argumentar que "a empresa precisa de pulso firme". O que poucas vezes admitem é o outro lado da moeda: o pulso que aperta demais costuma ser o mesmo que, mais adiante, cruza a linha do respeito.

Quando a regra tácita é "faça o que eu mando, sem questionar", o ambiente que se forma não só inibe ideias — ele também normaliza microagressões, piadas depreciativas e, em casos extremos, assédio explícito. Afinal, se discordar de uma meta já gera constrangimento público, imagine denunciar um comentário ofensivo ou um toque inadequado do gestor.

Esse círculo vicioso tem três etapas quase sempre recorrentes:

1. **Silenciamento:** a equipe aprende que expor desconforto é arriscar a própria carreira.
2. **Naturalização:** atitudes abusivas passam a ser vistas como "jeito duro de cobrar resultado".
3. **Escalada:** o gestor que nunca é confrontado aumenta a dose de pressão — até que o problema explode em ações trabalhistas, queda de reputação ou fuga coletiva de talentos.

Em outras palavras, o modelo autoritário não só custa caro em inovação perdida mas também prepara o terreno para crises de assédio que drenam tempo, dinheiro e credibilidade. O mesmo líder que celebra a "disciplina militar" hoje pode estar assinando o próximo processo judicial da empresa amanhã. Por isso, investir em segurança psicológica não é "mimimi corporativo" — é blindagem estratégica. Quem entende isso abandona o carvão e começa a lapidar algo ainda mais valioso que diamantes: um time que cria, responsabiliza-se e sabe até onde vai o limite do respeito.

MINI-HISTÓRIA

Em 2023, uma startup paulista de IA perdeu três cientistas sênior em 40 dias. O valor de mercado caiu 18% depois da debandada. Motivo declarado: "Somos pagos para pensar, mas tratados como robôs."

Insight rápido: a primeira vítima do medo é a informação. Sem informação, a decisão acerta menos que um chute no escuro.

1.6 Sintomas para checar no dia a dia

Marque 1 para "raramente ocorre"; 2, "ocorre às vezes"; 3, "ocorre com frequência".

SINTOMA	1	2	3
Reuniões em que apenas o gestor fala			
E-mails depois das 22 h como rotina			
Equipe hesita em assumir erros em público			
Propostas de inovação vistas com ceticismo			
Rotatividade acima de 20% ao ano			
Licenças médicas ligadas a estresse			
Prazos mudam sem consulta ao time			
Sessões de feedback ocorrem só quando há crise			

Interpretação rápida: some os números.

- < 10: sua cultura ainda respira.
- 10-16: sinais amarelos — atenção.
- > 16: a crise já compromete resultados e saúde do time.

1.7 Estudo de caso: rede de supermercados

O Grupo S.V., uma rede de supermercado, vivia turnover de 35% entre líderes de loja. As lojas batiam meta, mas gastavam energia substituindo gente. Em 2021, o CEO Carlos M. decidiu trocar a lógica de "não errar" por "aprender semana sim, semana também".

O que mudaram:

1. Criaram Café com Erros: cada gerente compartilha, em três minutos, um erro da semana e o aprendizado.
2. Implantaram feedback de 15 minutos entre pares após auditorias internas.
3. Metas de clima organizacional passaram a valer 20% do bônus.

Resultados em 24 meses:

- O turnover caiu de 35% para 12%.
- O índice de satisfação de clientes (NPS) subiu 18 pontos.
- As despesas com horas extras reduziram 22%.

O que aprendemos com isso: quando o medo sai pela porta, a inovação entra pela janela.

1.8 Ferramenta: Termômetro Cultural de 10 Perguntas

Como usar:

1. Leia cada afirmação e, de modo intuitivo, atribua nota de 1 a 5:
   - 1 = discordo totalmente/raramente é verdade
   - 3 = às vezes é verdade
   - 5 = concordo plenamente/quase sempre é verdade
2. Some as notas no fim.
3. Compare o total com a legenda de cores.
4. Escolha uma pergunta com nota 3 ou menor e escreva uma ação concreta para melhorar esse ponto nos 7 dias seguintes.

Vamos lá!

1. Sinto-me seguro para discordar de meu líder em público. (1-5)
2. Minha equipe recebe reconhecimento específico pelo que faz bem. (1-5)

3. Metas são negociadas, não impostas. (1-5)
4. Erros são discutidos para aprender, não para apontar culpados. (1-5)
5. Tenho clareza sobre prioridades para não responder e-mails fora de hora. (1-5)
6. Posso pedir ajuda sem ser visto como incompetente. (1-5)
7. Existe espaço formal para propor melhorias. (1-5)
8. Vou para casa com energia para minha vida pessoal. (1-5)
9. Minha saúde mental é pauta legítima na empresa. (1-5)
10. Recebo feedback sobre como me desenvolver, não só sobre em que falhei. (1-5)

Some sua pontuação:

- 40-50: cultura saudável e de alta confiança. **Verde**
- 30-39: há pontos de atenção. **Amarelo**
- < 30: sua cultura grita por mudança. **Vermelho**

1.9 Da constatação à ação

Se a pontuação do termômetro ficou na zona amarela ou vermelha, não entre em pânico. Os próximos capítulos vão oferecer ferramentas para reconstruir cultura por meio do novo contrato líder-pessoa. Mas nenhuma mudança começa sem um diagnóstico honesto.

Convite: escolha uma pergunta com nota 3 ou menor e escreva uma ação concreta para melhorar esse ponto nos 7 dias seguintes.

Você acaba de escutar o estalo da rachadura: o velho edifício de comando e controle não sustenta mais o peso das demandas atuais. Mas o que se ergue no lugar não é um "escritório sem chefes" nem um vale-tudo motivacional. O que emerge é um novo contrato social entre líder e equipe — um acordo explícito de quatro cláusulas que redefine:

- Salários, incluindo o que chamamos "salário emocional": segurança psicológica, reconhecimento e possibilidade de crescer sem sacrificar saúde ou valores.
- Métricas, que deixam de medir apenas produção e passam a mensurar aprendizagem, qualidade das relações e impacto sustentável do trabalho.
- Conversas, que trocam ordens unilaterais por diálogos frequentes, feedbacks de mão dupla e decisões compartilhadas.

No próximo capítulo, você descobrirá como esse contrato é desenhado na prática, quem já o assina (mesmo sem perceber) e por que ele se tornou a maior vantagem competitiva em um mercado em que talentos escolhem onde colocar sua energia.

Vire a página e conheça em detalhes o novo contrato líder-pessoa — alicerce de uma liderança humanizada, visionária e, sobretudo, sustentável.

CAPÍTULO 2 - Novo contrato líder-pessoa

> Não basta pagar o salário do mês; é preciso pagar o salário emocional todos os dias.

2.1 Quando o crachá já não basta

Letícia D., 37 anos, era diretora comercial de uma empresa de logística em crescimento acelerado. Ganhava acima da média, recebia bônus robustos e tinha uma vaga garantida no comitê executivo. Mesmo assim, pediu demissão — para surpresa do CEO — e assumiu a direção de uma organização social que alfabetiza adultos na periferia de São Paulo.

Na conversa de desligamento, ela foi direta: "Aqui eu gerenciava resultados; lá eu quero transformar vidas. Preciso de um lugar onde resultado não signifique atropelar quem eu lidero."

O RH anotou "propósito" como motivo de saída, mas o crachá de milhões continuou pesando na gaveta do escritório vazio. A história viralizou nos corredores: dois analistas pediram reunião para falar sobre a carreira na semana seguinte, um supervisor de campo solicitou afastamento médico por estresse, a consultoria de clima apontou salto no índice de "desligamento silencioso". A pergunta que antes era sussurrada ganhou voz: se dinheiro e título não seguram, o que segura?

2.2 Do crachá ao pertencimento

O caso de Letícia não é exceção. Pesquisas da Microsoft Work Trends (2024) mostram que 70% dos profissionais trocariam aumento de 20% por maior flexibilidade e sentido no trabalho. Na prática, o crachá — símbolo de status no século XX — perdeu magnetismo. O que atrai e retém hoje são três fatores que compõem o novo contrato líder-pessoa:

- **Segurança psicológica:** liberdade de discordar sem medo de retaliação.
- **Autonomia com responsabilidade:** espaço para decidir, métricas claras para responder.

- **Propósito compartilhado:** clareza de como o trabalho beneficia algo maior que o bolso da empresa.

Nos blocos a seguir, vamos destrinchar cada cláusula, mostrar empresas brasileiras que já assinam esse contrato e propor um exercício rápido para avaliar quão perto (ou longe) você está desse novo acordo.

2.3 As quatro cláusulas do novo contrato

2.3.1 Segurança psicológica

"POSSO DISCORDAR SEM ARRISCAR MINHA REPUTAÇÃO."

Segurança psicológica é muito mais que "ambiente amigável". É a convicção, compartilhada pelo time, de que errar, discordar ou pedir ajuda não gera punição nem desgaste político. Ela se revela em quatro comportamentos recorrentes:

- **Admitir falhas cedo:** o problema chega ao líder em horas, não em semanas.
- **Fazer perguntas candentes:** os colaboradores desafiam premissas sem medo de parecer ingênuos.
- **Oferecer ajuda sem convite:** a frase mais comum vira: "Em que posso contribuir?"
- **Aprender em público:** lições são debatidas no coletivo, não arquivadas na gaveta do gestor.

Mito comum: segurança psicológica não é indulgência; equipes de alta confiança também têm alto rigor. A diferença é que o erro vira dado para melhoria, não arma de humilhação.

O papel do líder é modelar vulnerabilidade produtiva: admitir primeiro a própria incerteza, responder a perguntas com curiosidade ("O que faz você pensar assim?") e separar claramente pessoa de problema.

Exemplo: na fintech mineira CredAgil, todo sprint de produto começa com o ritual Falha Favorita – cada membro relata um equívoco recente e o aprendizado extraído. Desde que a prática começou, o tempo médio para reportar incidentes caiu de 48 horas para 9 horas e a média de correções críticas por release reduziu 23%.

Quando a equipe acredita que falar é seguro, a inovação se torna hábito diário em vez de evento anual.

2.3.2 Autonomia com responsabilidade

"TENHO ESPAÇO PARA DECIDIR E CRITÉRIOS CLAROS PARA RESPONDER."

Autonomia não é "cada um por si", e responsabilidade não é microgestão disfarçada. O contrato moderno emparelha liberdade de ação com trilhos de clareza para que as pessoas avancem rápido sem sair dos limites estratégicos.

Como funciona na prática:

1. **Espaço definido:** toda decisão responde a duas perguntas: Até onde posso ir sozinho? Quando preciso escalar?
2. **Métricas visíveis:** o time conhece o painel de sucesso e o valor-alvo antes de começar o sprint.
3. **Rituais curtos de checagem:** reuniões breves de 10 minutos e reviews quinzenais para ajustar rota, não para punir.

NÍVEL	1	2
Livre	Implementação e recursos	Ser informado *a posteriori*
Conjunto	Proposta técnica	Validar riscos, alinhar budget
Limites	Tudo dentro do limite de custo X e prazo Y	Revisar exceções

Exemplo real: na 3M Brasil, desde 2022, gestores têm a meta de garantir que 15% da carga horária de cada colaborador seja dedicada a projetos autorais. O atingimento dessa meta compõe 10% do bônus anual — peso idêntico à meta de vendas. Dois anos após a política, o retrabalho em pesquisa e desenvolvimento caiu 16% e o número de ideias patenteadas cresceu 22% (Relatório de Inovação 2023).

Quando liberdade encontra critério, a criatividade vira ativo contábil.

Checklist-relâmpago

- Eu defini claramente quais decisões o time pode tomar sem mim?
- As métricas de sucesso estão visíveis em um painel que todos entendem?
- Tenho conversas semanais de review em que guio sem tomar o volante?

Se você marcar "não" em dois ou mais itens, sua autonomia pode estar virando abandono — ou responsabilidade pode ter escorregado para controle em excesso.

2.3.3 Propósito compartilhado

"SE EU SUMIR AMANHÃ, SABEREI POR QUE MEU TRABALHO FARÁ FALTA."

Significado não nasce de slogans; ele brota da linha que liga o que faço hoje ao bem que alguém recebe amanhã. Quando essa linha é visível, o cansaço tem contexto e a iniciativa ganha energia. Propósito compartilhado se sustenta em três alavancas:

- **Linha de visão diária:** pessoas veem o impacto do que entregam, não só o número do dashboard.
- **Orgulho coletivo:** histórias de cliente viram narrativas de time, não propaganda de corredor.
- **Decisão orientada por valor:** "vale a pena o esforço extra?" deixa de ser conversa emocional e vira critério estratégico.

Exemplo real: FedEx "Purple Promise Stories". Desde 2023, motoristas da FedEx América Latina — inclusive no Brasil — gravam áudios de 60 segundos relatando como cada entrega transformou o dia de um destinatário (remédio que chegou a tempo, presente que evitou a saudade). Os áudios rodam nos monitores internos entre uma escala e outra. Em 12 meses, os atrasos de rota caíram 12% e as sugestões de melhoria de percurso subiram 19% (FedEx Global ESG Report, 2024). Quando o motorista entende que leva saúde, não caixas, o GPS mental aponta o caminho mais rápido antes mesmo do aplicativo.

Como ativar em seu time

- **Colecione histórias de valor:** pergunte semanalmente "Quem recebeu nosso produto/serviço e o que mudou para ele?" Publique as histórias na intranet ou no mural da empresa.
- **Conecte meta a propósito:** ao lançar um key performance indicator (KPI; em português, indicador-chave de desempenho), adicione a pergunta: "Como esse indicador melhora a vida de quem está do outro lado?"
- **Celebre impacto, não só entrega:** reconheça o colaborador que contou a história, não apenas quem bateu o número.

Reflexão-relâmpago

Se você desaparecesse hoje, qual trecho da jornada do cliente ficaria sem ponte? Escreva em uma frase — esse é o coração de seu propósito compartilhado.

2.3.4 Desenvolvimento contínuo

"MEU CRESCIMENTO É PLANO DE NEGÓCIO, NÃO FAVOR ESPORÁDICO."

Quando o mercado exige aprender mais rápido que a concorrência, capacitar pessoas vira estratégia de velocidade, não linha de despesa.

Desenvolvimento contínuo combina três engrenagens:

1. **Trilha de carreira visível:** todos sabem qual competência destrava o próximo passo; a conversa sobre o desenvolvimento ocorre trimestralmente, não só na avaliação anual.
2. **Mentoria estruturada:** cada líder dedica horas marcadas na agenda para transferir know-how; o tempo de mentoria entra no cálculo de desempenho do gestor.
3. **Loops de aprendizagem:** o time fecha o ciclo: planeja → executa → reflete → compartilha lições em curadoria interna.

Exemplo real: Johnson & Johnson Brasil. Desde 2022, o bônus de liderança inclui 10% atrelado a 20 horas anuais de mentoria individual. O RH fornece plataforma para registrar sessões e avaliar impacto. Dois anos após a regra, as promoções internas saltaram de 33% para 57%, enquanto o tempo médio para preencher vaga de coordenação caiu 18%. Desenvolver gente tornou-se KPI tão valioso quanto bater meta de vendas (Relatório de Impacto Social e Desenvolvimento de Liderança, 2024).

Checklist de autodesenvolvimento

- Tenho reuniões de carreira agendadas ou deixo para "quando der"?
- Registro horas de mentoria como prioridade ou como resto de agenda?
- Compartilho lições aprendidas em canal aberto ou guardo em anotações pessoais?

Marque um "sim" convicto para cada ponto: é sinal de que crescimento já faz parte do fluxo de trabalho e não depende de iniciativas eventuais.

2.4 Ferramenta: Contrato de Expectativas em 10 Minutos

- **Objetivo:** alinhar rapidamente os quatro eixos com cada membro da equipe.
- **Segurança:** pergunte "O que impede você de falar algo que eu preciso ouvir?"
- **Autonomia:** peça que liste duas decisões que deseja tomar sem aprovação.
- **Propósito:** convide-o a completar a frase "Meu trabalho importa porque..."
- **Desenvolvimento:** peça para nomear uma habilidade que quer dominar em 90 dias.
- **Anote respostas,** combine o próximo passo e marque revisão em um mês.

Agora que mapeamos as cláusulas, vamos testar quão forte é seu contrato atual. A seguir, você preencherá um diagnóstico rápido e verá caminhos de melhora em até 30 dias.

2.5 Diagnóstico express: quão forte está seu contrato?

Marque de 1 a 5 em cada afirmação (1 = discordo totalmente | 5 = concordo totalmente)

Nível	1	2	3	4	5
Posso admitir um erro sem medo de represálias					
Sei quais decisões posso tomar sem aprovação					
Entendo claramente como meu trabalho impacta o cliente final					
Tenho oportunidade de aprender algo novo todo trimestre					

Recebo feedback construtivo no máximo duas semanas após um evento importante					
Meu gestor me pergunta sobre minhas metas de carreira					
Tenho liberdade para discordar de uma decisão em público					
As métricas de sucesso do time são transparentes					
Há rituais para celebrar aprendizados, não só resultados					
Sinto que pertenço a algo maior que uma planilha de metas					

Interprete seu total

- 40-50 → Contrato robusto: continue nutrindo.
- 25-39 → Contrato frágil: priorize duas áreas com nota ≤ 3.
- 10-24 → Contrato quebrado: comece com segurança psicológica antes de qualquer KPI.

Use as respostas para discutir no um a um e acertar planos de ação concretos.

2.6 Caso de transformação: Magazine Luiza

Em 2016, a varejista tinha turnover de 32% entre gerentes de loja. Em parceria com a Fundação Dom Cabral, redesenhou o contrato líder-pessoa.

- **Segurança**: implantou o Momento Verdade — cinco minutos no fim de cada turno para admitir falhas sem punição.
- **Autonomia:** cada gerente ganhou limite de até R$ 15 mil/ano para iniciativas locais.

- **Propósito:** criou a campanha Histórias que Vendem — clientes gravam vídeos contando como realizaram sonhos com crédito Magalu.
- **Desenvolvimento:** trilha de mentoria entre lojas; gerente sênior orienta dois recém-promovidos.

Resultados em 24 meses: o turnover caiu para 14%, o NPS subiu 18 pontos e o lucro líquido avançou 22%.

Lição: o contrato é ativo estratégico, não política de RH.

Você viu que nenhum contrato sobrevive sem líderes conscientes dos próprios pontos fortes e pontos cegos. No próximo capítulo, vamos colocar o espelho no centro da mesa: descubra como o autoconhecimento se torna o alicerce de toda liderança humanizada.

PARTE II

OS QUATRO PILARES DA LIDERANÇA HUMANIZADA

Agora vamos mergulhar nas competências fundamentais que sustentam uma liderança verdadeiramente voltada para as pessoas. Se na Parte I entendemos por que o modelo tradicional não basta, agora é hora de estruturar o novo caminho em quatro pilares complementares — autoconhecimento, modelos mentais, comunicação AA e liderança colaborativa — que, juntos, compõem a espinha dorsal de um líder capaz de inspirar confiança, engajar talentos e gerar resultados sustentáveis.

CAPÍTULO 3 - AUTOCONHECIMENTO APLICADO

> Conhecer-se não é apenas um ato individual, é o primeiro passo para liderar com eficácia e humanidade.

Imagine que você está em um carro sem espelhos retrovisores, sem GPS e sem painel. Você dirige às cegas, confiando apenas em intuição e sorte. Parece absurdo? No entanto, muitos líderes atuam exatamente assim nas vidas profissionais: sem a clareza sobre os próprios valores, limites e potenciais.

Em minha pesquisa acadêmica na Secretaria Municipal de Educação do Rio de Janeiro, entrevistei gestores bastante competentes tecnicamente, mas que enfrentavam problemas constantes em liderar suas equipes justamente por não se conhecerem profundamente. Quando não nos conhecemos profundamente, corremos o risco de aceitar tudo, reagir de modo impulsivo e, muitas vezes, ver o outro como uma ameaça. Isso pode se manifestar em comportamentos tóxicos, como esconder talentos, desvalorizar ideias alheias ou usar o poder para oprimir, em vez de inspirar. O autoconhecimento é, portanto, o alicerce da liderança humanizada. Vamos explorá-lo na prática logo mais.

Ao longo de minha trajetória, testemunhei diversas histórias — seja atuando em equipes, seja ouvindo relatos de líderes — que ilustram como o autoconhecimento pode interromper ciclos destrutivos. Em um episódio marcante, um gestor da minha equipe acreditava que exercer autoridade estrita era a única maneira de permanecer relevante. Essa postura instaurou um clima de receio, inibindo a livre circulação de ideias e sufocando o espírito colaborativo.

Tudo mudou quando esse líder iniciou um profundo processo de autodescoberta: ao confrontar as próprias inseguranças e reconhecer o impacto de seu comportamento, ele redirecionou as atitudes e passou a valorizar o diálogo. Antes retraída, a equipe reencontrou rapidamente a motivação para contribuir, a confiança mútua se restabeleceu e a produtividade subiu de modo consistente.

Esse relato demonstra que o autoconhecimento transcende o crescimento individual: ele é o motor que impulsiona ambientes de trabalho saudáveis e colaborativos. Quando um líder entende os próprios pontos fortes e limitações, a postura dele se torna mais autêntica e construtiva, fomentando uma cultura com base na confiança e no respeito.

Mini-história

Um estudo de caso real conduzido na empresa Amarante revelou o impacto significativo que o desenvolvimento do autoconhecimento e da inteligência emocional tem sobre os líderes e suas equipes. A pesquisa indicou que os líderes que investiram em processos estruturados de autoconhecimento, como treinamentos específicos e avaliações regulares, conseguiram transformar significativamente o ambiente organizacional, melhorando a comunicação interna, reduzindo conflitos e aumentando a satisfação geral dos colaboradores. Isso resultou não apenas em um ambiente mais saudável mas também em ganhos reais de produtividade e redução do turnover (Santana, 2022).

Exemplo real de transformação individual: conheci certa vez uma profissional que, em meio a um momento pessoal delicado — saindo de um relacionamento conjugal complicado — conquistou uma vaga em outro estado e, com esse novo emprego, conseguiu financiar o apartamento de seus sonhos. Contudo, não tardou a enfrentar tensões no trabalho: sua gestora, fingindo amizade, começou a querer controlar a vida da colaboradora sob o pretexto de "ajudá-la". Havia ciúme da proximidade que ela construíra com clientes e colegas; toda vez que compartilhava ideias em reuniões, a líder a silenciava. Sem autoconhecimento, essa colaboradora acreditou que aquele era seu único caminho para honrar compromissos financeiros e aceitou o comportamento controlador sem contestar.

Em um dia inesperado, sem qualquer feedback prévio ou avaliação formal, a gestora a demitiu sem explicar o motivo. O impacto foi devastador: sentimento de culpa, insegurança e a crença de que não era competente. Foi esse episódio que a trouxe até mim, buscando respostas: "Onde eu errei? Não sou boa o suficiente? Como encontrarei outro trabalho?"

Iniciamos um processo de Consultoria de Perfil Comportamental e Mentoria personalizada. Ao compreender as próprias tendências naturais, reconhecer crenças limitantes e aprender a definir limites saudáveis, ela recuperou a confiança. Em poucos meses, assumiu novo cargo, dessa vez com autonomia para agir de acordo com seus valores e fortalezas. Aplicando o autoconhecimento, não só reconstruiu a carreira como passou a cultivar, no novo time, um ambiente pautado no respeito e na colaboração.

Então vamos à pergunta que você pode estar se fazendo: Aldenira, como desenvolver o autoconhecimento?

Vou dar para você alguns caminhos pelos quais passei e ensino, mas o primeiro passo é se questionar e buscar seu processo.

3.1 As três janelas do autoconhecimento

O autoconhecimento pode ser explorado mediante três perspectivas práticas:

Lente 1 — O espelho (identidade e valores)

A primeira janela é o espelho de seus valores pessoais. Muitas decisões conflitantes ocorrem porque há desalinhamento entre valores pessoais e organizacionais. Para descobrir quais são os seus, faça o seguinte exercício autoral:

Exercício individual: selfie de valores 3 x 3

- Pegue uma folha e divida em três colunas: fundamentais, importantes e negociáveis.
- Liste três valores essenciais em cada coluna.
- Agora reflita: quais decisões recentes em seu trabalho entraram em conflito com esses valores? Como você poderia ter lidado de maneira diferente?

Lente 2 — O raio-X (crenças e emoções)

Essa lente torna possível observar crenças limitantes e padrões emocionais recorrentes.

Exercício individual: mapa das emoções em 24 horas

- Escolha um dia comum de trabalho.
- Durante esse dia, anote brevemente as emoções predominantes (ansiedade, alegria, frustração etc.) em três períodos diferentes: manhã, tarde e noite.
- Identifique padrões: que situações ou pessoas desencadearam as emoções negativas? O que fez você se sentir bem?
- No fim, estabeleça um pequeno plano de ação: como você pode reduzir situações negativas e ampliar momentos positivos?

Lente 3 — O GPS (propósito e direção)

A última lente é sobre sua bússola interna: o propósito. Sem clareza de propósito, os líderes ficam à deriva, reagindo ao ambiente, em vez de conduzir ativamente as próprias carreiras e equipes.

Exercício individual: pergunta da segunda-feira

- Na segunda-feira, antes de começar o trabalho, pergunte-se: "Por que faço o que faço? Qual é o impacto real do meu trabalho?"
- Escreva sua resposta com honestidade.
- Releia essa resposta todas as manhãs durante a semana. Perceba se algo muda em sua motivação e clareza nas ações diárias.

3.2 Como iniciar a jornada do autoconhecimento

O autoconhecimento não é algo que se desenvolve da noite para o dia, mas pode ser cultivado com práticas diárias e ferramentas específicas. A seguir, apresentarei algumas abordagens para começar essa jornada e quero começar pelo que foi um divisor de águas na minha carreira e tem sido na vida de muitos mentorados meus: o conhecimento do perfil comportamental.

Vamos abordar como identificar seu perfil comportamental, entender pontos fortes e áreas de desenvolvimento, e como seu estilo de liderança pode impactar a dinâmica da equipe.

3.3 Autoconhecimento e perfil comportamental

Uma das maneiras mais eficazes de iniciar a jornada de autoconhecimento é por meio da compreensão de seu perfil comportamental. Uma ferramenta poderosa e amplamente utilizada é a teoria DISC, que identifica quatro perfis comportamentais básicos, desenvolvida pelo psicólogo William Marston.

- **Dominante (D):** refere-se ao nível de orientação de uma pessoa em relação a controle, poder e assertividade. Pessoas com alta dominância são decididas e diretas, e buscam alcançar resultados de maneira rápida e objetiva.
- **Influente (I):** relaciona-se à tendência de uma pessoa em buscar interações sociais, ser comunicativa e persuasiva. Indivíduos com alta influência são extrovertidos, carismáticos e gostam de envolver as pessoas em suas ideias.

- **Estável (S):** mede a predisposição para a constância, paciência e manutenção da harmonia. Pessoas com alta estabilidade geralmente são calmas, pacientes e preferem ambientes organizados e equilibrados.
- **Conforme (C):** reflete a orientação para seguir regras, manter a precisão e buscar alta qualidade. Indivíduos com alta conformidade são detalhistas, cuidadosos e prezam por normas e padrões.

Conhecer o próprio perfil comportamental torna possível entender tendências naturais e áreas que exigem mais atenção para melhorar a liderança. A seguir, vamos explorar em detalhes cada um desses perfis, para que você possa identificar melhor o seu estilo de comportamento.

Dominante (D)

O perfil dominante é marcado pela busca de resultados e pela assertividade na tomada de decisões. Profissionais com alta dominância sentem-se impulsionados a liderar projetos desafiadores e a influenciar o rumo das ações.

- **Alta dominância:** comportamento decidido, foco em metas de curto prazo, disposição para dominar situações e assumir riscos; comunicação direta e linguagem objetiva.
- **Baixa dominância:** abordagem mais colaborativa, maior cuidado com o impacto emocional das decisões, preferem a construção gradual de consenso; evitam a confrontação direta.
- **Principais características:** iniciativa, coragem, autossuficiência.
- **Pontos fortes:** rapidez na execução, coragem para enfrentar crises, habilidade de manter o foco nos resultados.
- **Áreas a melhorar:** desenvolver paciência, exercitar a escuta ativa, delegar com confiança.

Quem se entende dominante pode equilibrar a vontade de controlar com a necessidade de dialogar, promovendo resultados sustentáveis e engajamento na equipe.

Influente (I)

O perfil influente destaca-se pela sociabilidade, pelo entusiasmo e pela habilidade em criar conexões. Esses líderes motivam pelo carisma e mantêm o clima de equipe sempre elevado.

- **Alta influência:** extroversão, persuasão natural, linguagem corporal acolhedora, busca constante por feedback positivo.
- **Baixa influência:** postura mais reservada, comunicação concisa, foco em tarefas individuais, preferem relações profundas a interações em massa.
- **Principais características:** criatividade, otimismo, networking.
- **Pontos fortes:** facilitação de novos projetos, construção de alianças, capacidade de mobilizar pessoas.
- **Áreas a melhorar:** evitar dispersão, praticar a assertividade em conversas difíceis, cumprir prazos mesmo em multitasking.

Ao reconhecer suas tendências comunicativas, o influente pode estruturar seu entusiasmo para gerar entregas consistentes sem perder o calor humano.

Estável (S)

O perfil estável valoriza a harmonia, a confiabilidade e a constância. Esses líderes fortalecem a coesão do time e garantem a execução de rotinas complexas.

- **Alta estabilidade:** paciência exemplar, empatia elevada, planejamento minucioso, resistência à pressão de mudanças abruptas.
- **Baixa estabilidade:** maior tolerância a variações, rapidez em testar novas abordagens, conforto com ambientes dinâmicos.
- **Principais características:** consistência, apoio emocional, organização.
- **Pontos fortes:** zelo pelo relacionamento interpessoal, capacidade de sustentar projetos a longo prazo, habilidade de apaziguar conflitos.
- **Áreas a melhorar:** flexibilidade diante de imprevistos, assertividade para impor limites, rapidez na tomada de decisões.

Entender seu ritmo natural propicia ao estável equilibrar cuidado e assertividade, assegurando entregas seguras e mantendo o moral da equipe elevado.

Conforme (C)

O perfil conforme é caracterizado pelo zelo da qualidade, pelo pensamento analítico e pela adesão a normas. Líderes com esse perfil garantem precisão e confiabilidade.

- **Alta conformidade:** atenção a detalhes, reflexão antes da ação, busca de referências confiáveis, orientação para processos.
- **Baixa conformidade:** maior tolerância a riscos, rapidez na experimentação, foco na visão geral em vez de foco em minúcias.
- **Principais características:** método, precisão, senso crítico.
- **Pontos fortes:** prevenção de erros, análises aprofundadas, criação de padrões de excelência.
- **Áreas a melhorar:** evitar a paralisia por análise, flexibilizar a rigidez de processos, aceitar imperfeições momentâneas.

Ao equilibrar rigor e agilidade, o conforme garante entregas de alta qualidade e experiência de aprendizado contínuo para toda a equipe.

Para aprofundar a compreensão sobre os perfis DISC, consulte o Anexo A deste livro. Além do DISC, outras ferramentas podem ampliar significativamente o autoconhecimento:

Feedback 360°

Essa ferramenta proporciona uma visão ampla de seu comportamento por meio do feedback de colegas, subordinados e superiores, oferecendo insights sobre como você é percebido pelos outros. Uma pesquisa da consultoria Korn Ferry (2021) apontou que gestores que incorporaram de maneira sistemática o feedback 360° registraram até 30% de ganho na eficácia de decisões estratégicas e na qualidade das relações interpessoais.

Journaling (diário de reflexões)

Criar o hábito de registrar regularmente reflexões sobre suas experiências diárias no trabalho, reconhecendo padrões de comportamento e emoções. Líderes que praticam journaling demonstram maior inteligência emocional e clareza em momentos decisivos, segundo estudo do Center for Health and Happiness da Harvard University (Smyth *et al.*, 2018).

Mindfulness e meditação

Práticas regulares que aumentam a consciência de suas emoções e reações, desenvolvendo maior controle emocional e clareza mental. Pesquisas recentes apontam que líderes que adotam práticas regulares de mindfulness (atenção plena) apresentam menor índice de estresse, maior criatividade e são mais hábeis em gerenciar conflitos.

O autoconhecimento não é um destino, mas um processo constante e necessário para liderar com humanidade e eficácia. Ao investir nesse processo, líderes conseguem melhorar a comunicação, aumentar o engajamento e a produtividade de suas equipes, além de reduzir significativamente conflitos e problemas interpessoais.

Agora que você compreende a importância e como iniciar o caminho do autoconhecimento, vamos avançar para enfrentar, com coragem e clareza, os modelos mentais limitantes que possam estar impedindo seu crescimento.

Preparado? Então, vire a página e vamos seguir juntos nessa jornada transformadora.

Capítulo 4 - Quebrando modelos mentais limitantes

Não nascemos prontos para liderar; lideramos à medida que desconstruímos as crenças que nos limitam.

Modelos mentais são as lentes invisíveis que usamos para interpretar o mundo. Eles se formam por meio de crenças e suposições — muitas vezes inconscientes — e guiam nossas decisões, atitudes e reações. Quando esses modelos são limitantes, criam barreiras que nos impedem de enxergar alternativas, assumir riscos e inspirar nossa equipe.

Para líderes, entender e desafiar esses padrões é fundamental. Uma vez que identificamos crenças limitantes, podemos substituí-las por convicções que empoderam e criam ambientes mais saudáveis.

Esses modelos mentais limitantes muitas vezes são instituídos social e culturalmente — e justamente por isso podem passar despercebidos. Em meus treinamentos, costumo dizer que não basta olhar para o que está fora: é necessário voltar o olhar para si. Ao ler este capítulo, convido você a não focar no comportamento do outro, mas a fazer um exercício de autorreflexão.

É um momento de autoavaliação com responsabilidade e também com compaixão, sem a necessidade de buscar culpados. Pergunte-se: até que ponto esse modelo ainda influencia minha maneira de pensar, decidir ou liderar?

Se você conseguir transformar apenas uma pessoa — você mesmo —, o impacto já será profundo. E, muitas vezes, é justamente essa transformação interna que se torna o ponto de partida para uma mudança mais ampla à sua volta.

4.1 Formação das crenças

As crenças surgem por duas vias principais:

- **Repetição:** ideias reforçadas pela família, escola ou cultura organizacional (por exemplo, "quem busca ajuda é fraco").
- **Experiências emocionais fortes:** eventos marcantes que geram convicções profundas (por exemplo, um fracasso público).

Crenças limitantes × Crenças empoderadoras relacionadas ao trabalho

CRENÇAS LIMITANTES	CRENÇAS EMPODERADORAS
Se eu errar, serei demitido.	Aprender com o erro é essencial para melhorar.
Apenas quem tem autoridade pode falar.	Toda voz traz valor; colaboração nasce do diálogo.
Gestão é comando e controle.	Liderar é servir e inspirar pelo exemplo.

Exemplo pessoal: o pé de tomate. Quando eu era criança, ajudava meu pai na horta. Certa vez, ele nos mostrou um pé de tomate que crescia torto. Abolindo a expressão popular "pau que nasce torto morre torto", com um simples barbante ele endireitou o caule — e o tomate cresceu reto. Aprendi ali que, com direcionamento adequado, seres vivos (e pessoas) podem superar limitações. Essa lição deu origem à minha crença de abundância: as pessoas têm imenso potencial, desde que recebam apoio e cuidados certos.

4.2 Feridas emocionais que perpetuam modelos mentais limitantes

Entre as cicatrizes emocionais que surgem desses comportamentos, três se destacam pela gravidade e pelo modo como alimentam modelos mentais limitantes.

- **Rejeição:** quando alguém se sente excluído, ignorado ou desvalorizado, nasce a ferida da rejeição. Isso pode ocorrer ao ser deixado de fora de projetos estratégicos, ao não ter seu trabalho reconhecido ou ao enfrentar avaliações injustas. A sensação de não pertencer mina imediatamente a motivação e rouba a segurança emocional, enfraquecendo a disposição para o engajamento e o comprometimento.

- **Humilhação:** críticas públicas, comentários degradantes e ridicularização nos mancham de maneira profunda. Diferentemente de um feedback objetivo, a humilhação atinge a autoestima e deixa marcas duradouras no senso de valor próprio. Quem vive esse tipo de ataque desenvolve uma crença de incapacidade, acreditando que será sempre alvo de escárnio e, por isso, passa a evitar qualquer ação que possa expô-lo novamente.

- **Abandono emocional:** quando um profissional percebe que não pode contar com o apoio de gestores ou colegas nos momentos de dificuldade, nasce a ferida do abandono. Afinal, sentir-se negligenciado — não ter ninguém disponível para oferecer orientação, escutar medos ou simplesmente validar emoções — corrói a confiança nas pessoas e na organização. O impacto vai além da frustração: muitos profissionais perdem a lealdade e passam a questionar o próprio lugar na empresa.

Essas feridas são frequentemente invisíveis, mas produzem efeitos concretos: queda de produtividade, aumento de conflitos, evasão de talentos e piora no clima organizacional. Lidar com elas exige sensibilidade e ação imediata por parte da liderança, criando espaços seguros de diálogo, reconhecendo o valor de cada indivíduo e oferecendo suporte emocional verdadeiro.

E, líder, lembre-se: você também está sujeito a essas feridas. Reconhecê-las em si é o primeiro passo para não repassá-las aos outros. Pessoas feridas, inevitavelmente, tendem a ferir.

4.3 Cultura da escassez

Modelos mentais limitantes criam não apenas comportamentos isolados mas também ambientes em que o temor de não ser suficiente guia cada ação. É o que Brené Brown denomina "cultura da escassez": mentalidade ancorada na crença de que jamais somos bons, competentes ou merecedores o bastante. Essa escassez emocional emerge de padrões comportamentais reforçados por três vetores interdependentes — vergonha, comparação e desmotivação — que nascem diretamente de crenças limitantes arraigadas.

A vergonha exerce um papel de controle: ela faz com que ocultemos dúvidas e fragilidades para não parecer incompetentes, criando muros invisíveis que impedem a vulnerabilidade e quebram a confiança. Quando acreditamos que expor uma incerteza nos tornará fracos ou dispensáveis, nossa comunicação se retrai e a troca genuína se interrompe.

Paralelamente, a comparação alimenta um ambiente de rivalidade constante. Se o modelo mental dominante diz que só vale ser reconhecido quando se supera o outro, transformamos colegas em adversários. Em vez de somar esforços, disputamos atenção e mérito, sufocando a cooperação e as iniciativas que dependem do consenso para florescer.

Por fim, a desmotivação brota em solo árido, onde o reconhecimento das conquistas — tanto de resultados quanto de comportamentos que reforçam o pertencimento — é escasso. Quando o único valor percebido é o cumprimento de metas, qualquer iniciativa que dependa de ousadia, autonomia ou criatividade é tratada como desvio, e o ímpeto de inovar murcha.

Esses três vetores não existem isoladamente; eles retroalimentam-se. A vergonha impede que alguém peça ajuda ao perceber o fracasso, a comparação reforça a imagem de que só vale ser o melhor, e a desmotivação faz com que, mesmo quem atingiu o melhor resultado, procure rotas de saída para ambientes em que o esforço seja visto como valor genuíno.

Para transformar essa cultura de escassez em terreno fértil para a abundância emocional, é necessário reverter cada padrão com ações que reflitam crenças empoderadoras:

1. **Trazer a vulnerabilidade para o centro:** compartilhar as lições aprendidas em cada erro e celebrar o aprendizado coletivo reforça a convicção de que errar é parte do crescimento.
2. **Substituir a comparação pela colaboração:** em vez de ranking individual, adotar rituais de troca de práticas bem-sucedidas garante que o saber se espalhe e multiplique.
3. **Reconhecer o valor humano além dos números:** incorporar feedbacks positivos regulares por posturas que reforcem confiança, empatia e proatividade faz com que cada membro sinta seu trabalho como parte de algo maior.

Quando crenças de insuficiência dão lugar à convicção de que cada voz importa e cada falha ensina, construímos organizações em que a energia humana flui livre, o engajamento se torna natural e os resultados surgem como consequência de uma cultura vibrante e inclusiva.

4.4 Impacto dos modelos mentais na liderança

Crenças moldam comportamentos. Eis alguns exemplos em que modelos limitantes impactam a liderança:

- **Medo de expor vulnerabilidade:** o líder evita admitir dúvidas e, assim, desencoraja feedbacks honestos.
- **Rigidez frente à mudança:** convicções arraigadas levam à resistência a novas práticas, travando inovação.
- **Comparação constante:** a suposição de que se deve competir internamente gera clima de desconfiança.

MINI-HISTÓRIA

Helena, gerente de projetos, acreditava que incorporar ideias da equipe mostraria fraqueza. Resultado: tomava todas as decisões sozinha. Quando percebeu o impacto (atrasos, retrabalho), questionou essa convicção e passou a convocar brainstorming: a produtividade e o engajamento subiram 40%.

É fundamental reconhecer padrões de comportamento que, embora muitas vezes naturalizados, causam danos profundos e imediatos a equipes e organizações. Falar sobre alguns deles pode ser desconfortável, mas precisamos falar sobre eles porque causam impactos significativos na equipe, empresa e nos resultados.

Antes de mergulharmos nos padrões, é necessário admitir algo: certos comportamentos, embora frequentemente naturalizados, deixam cicatrizes profundas na vida de quem os sofre. Essas feridas emocionais não aparecem em planilhas de desempenho, mas corroem a autoestima, minam a confiança e alimentam crenças que nos prendem a padrões limitantes. Falar sobre elas pode ser desconfortável, mas é essencial — afinal, somente quando reconhecemos essas dores conseguimos criar ambientes verdadeiramente saudáveis e colaborativos.

4.4.1 Assédio moral

Você já parou para considerar o preço silencioso do medo no trabalho? O assédio moral corrói a autoestima e destrói o bem-estar das vítimas, deixando marcas profundas tanto na saúde física quanto na saúde mental. Quando comportamentos abusivos se repetem dia após dia, a confiança se esvai e a produtividade despenca.

No time, o colaborador que sofre assédio acaba ausentando-se com mais frequência ou, em um gesto de autopreservação, busca outra oportunidade. Para a organização, o custo vai além da rotatividade: cria-se um ambiente tóxico onde a colaboração se torna impossível. Além da perda de talentos, surgem riscos judiciais e despesas elevadas com nova contratação e treinamento.

Em níveis mais graves, o efeito do assédio moral manifesta-se em ansiedade constante, insônia, queda do sistema imunológico e até problemas gastrointestinais. Por trás da aparente normalidade em algumas empresas, muitas vezes há quem reproduza comportamentos cruéis sem se dar conta — não por maldade, mas por insegurança ou traumas não resolvidos.

Como interromper esse ciclo? O primeiro passo é reconhecer que, por mais comum que pareça, o assédio moral jamais deve ser aceito como rotina. A Lei Federal 13.185/2015 institui o Programa de Combate à Intimidação Sistemática (Bullying), mas a verdadeira transformação começa na conscientização de cada indivíduo. É hora de substituir o grito da repressão pelo diálogo que humaniza.

A seguir, mergulharemos em outro padrão limitante: o abuso emocional, cujos efeitos devastadores afetam igualmente as relações profissionais e pessoais.

4.4.2 Abuso emocional

O abuso emocional opera em tom sutil ou explícito: insultos travestidos de piada, sarcasmo cortante, ameaças veladas, ridicularização pública e exclusão social. Cada gesto é uma gota que corrói a segurança interna e destrói sonhos.

Considere o caso real de uma professora dedicada — prestes a defender o doutorado — que, por anos, viveu humilhações diárias. O impacto foi tão profundo que ela abandonou a carreira acadêmica e se reinventou como vendedora. Não se trata de desvalorizar sua nova trajetória, mas de evidenciar como o abuso emocional pode aniquilar paixões e trajetórias de vida.

O veneno emocional não atinge apenas o indivíduo. Cicatrizes de medo e desconfiança espalham-se pela equipe, reduzindo inovação e colaboratividade. Absenteísmo e rotatividade escalam, e a produtividade despenca em uma espiral tóxica. A longo prazo, o abuso marca a reputação da empresa, afasta talentos e até clientes — um ciclo de dor que, se não for interrompido, perpetua-se.

Reconhecer o abuso emocional exige coragem. Não podemos permitir que o silêncio alimente esse padrão. Somente ao trazer esses comportamentos à tona poderemos construir um futuro de trabalho verdadeiramente humano e sustentável.

4.4.3 Violência psicológica no ambiente de trabalho

Você já parou para pensar que não é apenas um tapa ou um empurrão que machuca? A violência psicológica se infiltra sorrateiramente: palavras calculadas, olhares de desprezo, isolamento silencioso. Ao contrário da agressão física, ela costuma se revelar aos poucos, camuflada em insultos velados, humilhações públicas, chantagens emocionais ou simples atos de exclusão.

E o efeito é devastador. A vítima vê a confiança ruir, mergulha em um redemoinho de ansiedade ou depressão e, cedo ou tarde, sente o impacto no próprio desempenho. Projetos atrasam, decisões desaceleram, o brilho de quem antes era produtivo se apaga.

Mas o estrago não para por aí. Apenas uma voz calada — o colega que já não arrisca uma opinião — ecoa por toda a equipe. A cultura do "não fale, não questione" cria um terreno fértil para o absenteísmo e a rotatividade. Sob o peso do medo, engenhosidade e colaboração murcham, e a produtividade despenca.

Para a empresa, o custo vai além das estatísticas de RH. Cada talento que se afasta deixa um rastro de conhecimento perdido, processos emperrados e, em muitos casos, ações judiciais que corroem o caixa e a reputação. Quando ignoramos esse gelo emocional, estamos permitindo que o veneno da desconfiança contamine todo o sistema.

Não podemos mais fechar os olhos. Reconhecer a violência psicológica é o primeiro (e mais corajoso) passo para abrir espaço ao respeito e à empatia. Criar um refúgio seguro, onde cada voz possa soar sem temor, é a única maneira de reerguer um ambiente de trabalho verdadeiramente saudável — e de recuperar a energia criativa que move as organizações de sucesso.

4.4.4 Perfeccionismo: a armadilha do "ter de ser perfeito"

Quantas vezes você já ficou paralisado diante de uma tarefa porque simplesmente não podia errar? O perfeccionismo, muitas vezes aplaudido como traço de excelência, pode ser o maior freio para seu progresso. Ao elevar padrões a patamares inatingíveis, ele transforma a busca por qualidade em autocrítica crônica e impede até mesmo o primeiro passo.

Segundo um estudo de 2018 no Journal of Personality, o perfeccionismo disparou entre os jovens nas últimas décadas — e anda de mãos dadas com o aumento de ansiedade e esgotamento. No ambiente de trabalho, a consequência é clara: projetos emperram por medo de falhas e ideias morrem antes de nascer, soterradas pela exigência de um resultado impecável.

Por que isso ocorre?

- **Autoexigência distorcida:** um perfil ultracontrolador que transforma cada detalhe em potencial fonte de erro.
- **Pressões externas:** metas sociais e culturais que ditam que apenas o perfeito vale.
- **Histórico de críticas:** cobranças rígidas ou punições no passado reforçam a crença de que errar é inaceitável.

Os custos silenciosos:

- **Procrastinação:** adiar o início por medo de falhar.
- **Esgotamento:** trabalhar além dos limites físicos e mentais para perseguir um ideal inalcançável.
- **Inovação sufocada:** quando a única missão é evitar erros, não há espaço para experimentar.

Talvez você conheça o ditado "feito é melhor que perfeito". Eu prefiro outra versão: "feito é melhor que não feito." Afinal, o aprendizado nasce do erro e é por meio dele que crescemos e inovamos.

Como romper esse ciclo?

- Defina um limite de "bom o bastante" para cada tarefa e comprometa-se a respeitá-lo.
- Celebre erros construtivos: compartilhe em equipe o que cada falha ensinou.
- Pratique entregas parciais: divida projetos em sprints rápidos e revise o progresso antes de buscar a perfeição.

Reconhecer o perfeccionismo como padrão limitante é o primeiro passo para libertar sua criatividade e produtividade. Com isso, transformamos a armadilha do "ter de ser perfeito" em uma escada para o desenvolvimento contínuo.

4.4.5 Impacto do favoritismo

Imagine um campo de jogo em que alguns atletas recebem chuteiras especiais antes do apito inicial — enquanto outros correm descalços. No ambiente de trabalho, isso é favoritismo: quando certos membros ganham privilégios sem qualquer critério objetivo de mérito ou desempenho. À primeira vista, pode até parecer inofensivo, mas os efeitos são devastadores.

Favorecer espontaneamente algumas pessoas — com maiores oportunidades, benefícios ou elogios desproporcionais —, sem que elas sejam reflexo de conquistas reais, semeia um sentimento corrosivo de injustiça. Aos poucos, a confiança se esvai, o engajamento murcha e a energia coletiva se esgota.

As marcas deixadas pelo favoritismo:

- **Moral em queda livre:** colegas que se sentem sempre "de fora" perdem a motivação e enxergam ressentimento em cada olhar. O espírito de equipe se fragmenta, e o entusiasmo se transforma em silêncio.
- **Barreiras invisíveis ao crescimento:** quando promoções e reconhecimentos escapam para poucos escolhidos, talentos ficam encurralados, mesmo que suas habilidades sobressaiam. O potencial da organização, então, jamais floresce.
- **Conflitos que se avolumam:** a suspeita de tratamento desigual acirra rivalidades. O escritório deixa de ser uma comunidade para se tornar um tabuleiro em que cada movimento rivaliza com o do outro.
- **Produtividade em frangalhos:** sem a certeza de que esforço genuíno será apreciado, a equipe desacelera. O ânimo se apaga e as metas, outrora alcançáveis, passam a ser vistas como inalcançáveis.
- **Vaza-talentos:** profissionais desvalorizados simplesmente batem em retirada. A organização perde não só competências e histórico mas também economia de tempo e recursos investidos em seu desenvolvimento.

Como combater esse padrão?

1. **Autoavaliação honesta**

   Pergunte-se: "Em quais situações posso ter favorecido alguém sem perceber?" Reconhecer vieses é o primeiro passo para corrigi-los.

2. **Transparência de processos**

   Defina e comunique critérios claros para promoções, bônus e projetos especiais. Quando todos sabem as regras do jogo, a suspeita dá lugar à credibilidade.

3. **Decisões guiadas por méritos**

   Baseie oportunidades em resultados mensuráveis e no impacto real de cada colaborador — não em amizades, simpatias ou proximidade hierárquica.

4. **Feedback equilibrado**

   Celebre as conquistas de todos. Reconhecimentos regulares, justos e individualizados reforçam a mensagem de que cada esforço importa.

Eliminar o favoritismo exige coragem e disciplina — mas é o único caminho para erguer uma cultura de justiça, engajamento e alta performance. Ao abrir espaço para que todos brilhem, você transforma um time fragmentado em uma verdadeira constelação de talentos.

4.4.6 Fofoca

Mais que simples conversa fiada, a fofoca é um veneno sutil que corrói a harmonia no ambiente de trabalho. Ela se alimenta da disseminação de rumores não verificados — geralmente negativos — sobre colegas ou situações. No contexto corporativo, as discussões de corredor muitas vezes giram em torno de desempenho profissional, distorcendo fatos e semeando desconfiança.

Você já se perguntou quais "histórias" ganham vida nos bastidores de sua empresa? E, mais importante, quão verdadeiras elas são? Enquanto boatos se espalham, o clima organizacional se adensa com tensão e insegurança.

A fofoca pode viciar tanto quanto uma droga emocional. Quem se envolve nessa prática acaba se afastando de uma comunicação sincera e construtiva. E o estrago não é apenas na reputação de quem aparece no boato — quem espalha também paga um preço: reflete o nível de desarmonia do próprio ambiente interno.

Consequências profundas

Quando a fofoca se espalha pelos corredores, ela envenena silenciosamente o clima organizacional. Rumores infundados corroem a confiança mútua, transformando colegas em observadores desconfiados e substituindo a colaboração por suspeita. Além disso, o tempo que deveria ser dedicado ao trabalho é frequentemente consumido por conversas improdutivas, desviando o foco das metas e diminuindo o ritmo das entregas.

Mais grave ainda, mal-entendidos e conflitos surgem de boatos que se multiplicam em particular, criando cisões e fragmentando o espírito de equipe. Em várias empresas, estudos indicam que altos níveis de fofoca estão correlacionados a um aumento de até 20% na rotatividade de colaboradores e a uma queda de 15% na produtividade (Difonzo; Bordia, 2006). Além disso, rumores internos costumam escapar para o mercado externo, prejudicando a reputação da organização e afastando clientes e talentos.

Por fim, a fofoca tem impacto direto na saúde emocional de todos os envolvidos. O estresse e a ansiedade crescem tanto entre aqueles que ouvem quanto entre os que propagam as histórias, gerando um ciclo de desgaste que pode levar ao absenteísmo e a problemas de saúde mais sérios ao longo do tempo.

Como combater a fofoca?

O primeiro passo é promover uma cultura de comunicação aberta, em que qualquer preocupação possa ser expressa de maneira direta e respeitosa. Empresas como Google investiram em iniciativas formais de diálogo, como o Project Aristotle e sessões de "conversa franca", em que as equipes compartilham desafios de maneira aberta e respeitosa, fortalecendo a confiança e diminuindo o espaço para rumores internos.

Em paralelo, a educação interna por meio de workshops específicos sobre os efeitos nocivos dos boatos ajuda a tornar a equipe mais consciente do impacto de suas palavras. É fundamental que líderes e gestores ajam como modelo, abstendo-se de conversas destrutivas e garantindo a privacidade dos colegas.

A transparência constante em relação a decisões e mudanças organizacionais também limita o terreno fértil para especulações. Por fim, é importante confrontar imediatamente qualquer boato identificado, questionando sua origem com firmeza e respeito para neutralizar seu poder de propagação. Desse modo, reforçamos um ambiente de integridade, em que a confiança e a cooperação podem florescer livremente.

Combater a fofoca é erguer um escudo de integridade e respeito. Ao extirpar esse comportamento, construímos uma cultura na qual a confiança e a cooperação florescem.

4.4.7 Comparação: o dano silencioso ao desempenho e bem-estar

Imagine um corredor onde cada passo é uma competição silenciosa: quem entrega primeiro, quem tem melhor resultado, quem ganha mais elogios. Quando a comparação se instala, reuniões deixam de ser aulas de colaboração e viram palcos de disputa velada. Em vez de celebrar vitórias individuais e coletivas, passeamos por um terreno minado de desconfiança.

Essa mentalidade não nasce do nada. Em empresas que valorizam metas acima de tudo, a cultura organizacional estimula a rivalidade, enquanto prazos agressivos e exigência por reconhecimento externo tornam a comparação um atalho para sentir-se valorizado. Já a insegurança pessoal de líderes e colaboradores, sem feedback personalizado, faz com que cada um meça seu valor olhando para o colega ao lado, e não para o próprio progresso.

Mas quais são os custos reais desse padrão? Primeiro, a autoestima despenca: quando você vive medindo seu desempenho contra o de outro, cada sucesso do colega se torna sombra em seu esforço — um sentimento de inadequação que rouba energia e foco do trabalho. Em segundo lugar, rivalidades surgem de pequenos atritos, transformando times em campos de batalha em que a colaboração dá lugar ao ressentimento. A produtividade, claro, sofre: tempo e criatividade escorrem por entre conversas de comparação, em vez de fluir no planejamento e na execução de projetos.

Um estudo de Lockwood, Whiting e Dunn, publicado no *Journal of Personality and Social Psychology* (2002), mostra como a comparação social pode desencadear a chamada "síndrome da papoula alta": ao ver alguém se destacar, sentimos vontade de podar esse talento, muitas vezes sem consciência, para restaurar o "equilíbrio" interno. No âmbito corporativo, traduz-se em sabotagem sutil de ideias e resistência a iniciativas alheias.

Por fim, o clima organizacional se tinge de cinza. A desconfiança corrói a cultura, o turnover dispara e líderes descobrem que, para cada talento que sai, deixam-se ir anos de conhecimento tácito. Clientes e parceiros percebem o desalinhamento e podem buscar ambientes mais saudáveis, levando negócios embora.

A saída desse ciclo exige coragem: questionar a cultura de competição interna, substituir comparações por benchmarks de progresso individual e oferecer feedback contínuo, reconhecendo cada melhoria. Assim, transforme corredores de intriga em passarelas de aprendizado, onde cada passo não apaga o do outro, mas soma forças para uma jornada coletiva.

4.4.8 Discriminação: o impacto destrutivo de preconceitos no trabalho

Liderar com ousadia é exercer a arte de servir ao outro, e nenhum princípio reflete isso com mais urgência que o enfrentamento da discriminação no ambiente corporativo. Trata-se do tratamento desigual — explícito ou velado — com base em características pessoais como raça, gênero, idade, religião, orientação sexual ou deficiência. Seja um comentário depreciativo, seja uma piada "inofensiva" ou a exclusão sistemática de um talento, a discriminação gera um efeito dominó de prejuízos.

Imagine Cláudia, gerente de vendas, constantemente deixada de fora das reuniões estratégicas por ser a única mulher no time. O recado é claro: sua voz não importa tanto quanto a dos colegas. Esse simples ato de exclusão mina sua autoestima, reduz seu engajamento e, aos poucos, transforma o brilho de suas ideias em silêncio.

Não são apenas as vítimas que sofrem. Toda a equipe é atingida: a confiança evapora, alianças se formam em torno de ressentimentos e a colaboração dá lugar à cautela. Quando um profissional talentoso deixa a companhia por não enxergar espaço para crescer — em razão de preconceitos velados —, a organização paga um preço alto em inovação e dinâmica de mercado.

E esses custos não se limitam ao humano. Processos judiciais, multas e indenizações podem resultar de apenas um caso de discriminação comprovada. A reputação, uma vez abalada, afasta clientes, parceiros e candidatos de alto potencial.

Como agir de maneira proativa?

1. **Conhecimento e sensibilização:** estude as leis antidiscriminatórias e promova debates internos sobre vieses implícitos. Grupos de afinidade e palestras com especialistas contribuem para revelar comportamentos ocultos.
2. **Ambiente inclusivo:** defina metas claras de diversidade e acompanhe indicadores como representatividade em cargos de liderança. Ferramentas de recrutamento com critérios cegos e painéis de entrevista variados reduzem vieses.
3. **Políticas e procedimentos:** documente canais seguros para denúncias e garanta investigações transparentes. Todo colaborador deve conhecer o código de conduta e as consequências de atitudes discriminatórias.
4. **Treinamentos regulares:** invista em workshops sobre diversidade, equidade e inclusão. Role plays e estudos de caso transformam teoria em prática, criando empatia e responsabilidade.

Não há meio-termo: a discriminação não pode ser tolerada. Cada passo que damos para quebrar esse modelo mental fortalece a confiança, o respeito mútuo e a verdadeira colaboração — pilares de qualquer liderança humanizada e sustentável.

Exemplo real: Maria sempre foi uma profissional dedicada e apaixonada pelo que fazia. Ao ingressar em uma empresa de médio porte, ela acreditava ter encontrado o lugar ideal para crescer e dar voz às suas ideias. No entanto, não demorou para que a cultura de comparação constante minasse sua motivação e confiança.

Nas primeiras reuniões de equipe, o gestor elogiava cada relatório entregue, mas sempre acrescentava algo como "Muito bom, Maria, mas será que consegue superar o Augusto, que bateu a meta duas semanas seguidas?" Em feedbacks individuais, a cada conquista vinha a inevitável alusão ao desempenho de outro colega, gerando em Maria uma sensação persistente de inadequação.

No começo, ela pensou que bastaria manter o foco e o ritmo de trabalho para ser reconhecida por seus méritos. A pressão de se medir em relação aos demais, porém, provocou ansiedade, insônia e perda de concentração. Ao mesmo tempo, o espírito colaborativo deu lugar a disputas veladas: colegas que antes trocavam ideias passaram a competir por visibilidade, e o ambiente de cooperação transformou-se em um terreno de tensões.

O ponto de inflexão ocorreu quando Maria, em uma conversa franca com o gestor, explicou como esse modelo de comparação a fazia sentir-se sempre "aos pés de outra pessoa". Para sua surpresa, o líder mostrou-se receptivo e propôs uma mudança no formato de feedback: a cada reunião, seriam destacados os resultados de cada indivíduo sem referência a comparações com o desempenho alheio.

Em poucas semanas, a diferença foi notável. Maria recuperou a autoestima, abraçou novamente os projetos com entusiasmo e passou a oferecer apoio sincero aos colegas, sem receio de perder relevância. A equipe, por sua vez, redescobriu a colaboração: sem a necessidade de "superar um ao outro", os membros passaram a valorizar as próprias trajetórias e a reconhecer genuinamente as conquistas de cada um. Como consequência, a produtividade e o clima organizacional melhoraram significativamente.

Insight rápido: ao romper com o padrão da comparação constante, criamos ambientes de trabalho onde cada pessoa é incentivada a desenvolver seu potencial único, resultando em equipes mais saudáveis, unidas e produtivas.

4.4.9 Julgamento

Nenhum julgamento parte de um vácuo: ele nasce de crenças e preconceitos que projetamos nos outros sem antes escutar sua história. Quando rotulamos um colega de "desorganizado" ou "incompetente" com base em uma impressão rápida, ou usamos declarações negativas para apontar erros alheios, instauramos um clima de tensão silenciosa que corrói relações e eficiência.

Imagine que, em vez de perguntar por que aquele relatório atrasou, você diga: "Você nunca entrega nada no prazo." Essa simples frase carrega um peso que vai além da observação do fato: ela ataca a identidade da pessoa, reduz sua motivação e instaura o medo de errar.

O ciclo nocivo do julgamento começa aí. Primeiro, escancaramos uma falha como se fosse um traço permanente. Em seguida, criamos desconfiança: quem já foi julgado tão severamente hesita em pedir ajuda ou compartilhar ideia, temendo críticas ainda piores. Com o tempo, a autoestima vacila e o colaborador se retrai, deixando de propor soluções criativas. A comunicação fica travada, pois quem fala se expõe ao risco de ouvir mais uma sentença negativa, e o espírito de equipe se desfaz em silêncios e recuos.

Por fim, o prejuízo se estende para além das paredes da empresa. Em clientes e parceiros, a reputação escorrega: quem trabalha em uma organização onde as vozes são desvalorizadas dificilmente transmite confiança.

Rompendo com o julgamento

Para transformar essa dinâmica, devemos substituir o impulso crítico por uma postura genuinamente acolhedora e colaborativa. Isso significa primeiro exercitar a empatia ativa: antes de qualquer conclusão, fazer perguntas abertas — por exemplo "O que aconteceu que atrasou o prazo?" — e escutar com atenção, sem interromper, para compreender o contexto real por trás dos números.

Em seguida, é fundamental adotar uma comunicação respeitosa, evitando frases que apontem falhas pessoais e focando antes em oportunidades de melhoria — algo como "Notei que X e Y ficaram pendentes; como podemos ajustar o processo para evitar isso futuramente?" Por fim, quando for necessário dar retorno, devemos sempre equilibrar o reconhecimento das qualidades já demonstradas com sugestões construtivas, por exemplo: "Valorizo muito sua atenção aos detalhes; percebi que faltaram algumas informações financeiras naquele relatório. Vamos revisar juntos para torná-lo ainda mais completo?"

Ao incorporar essas práticas ao nosso dia a dia, cultivamos um ambiente no qual cada voz é valorizada, o erro deixa de ser uma sentença e passa a ser uma chance de aprendizado, e o julgamento dá lugar à colaboração e ao crescimento mútuo.

4.4.10 Provocações e acobertamentos

Provocações sutis — como comentários sarcásticos, piadas ofensivas e gestos depreciativos — podem parecer inofensivas à primeira vista, mas agem como pequenas fissuras emocionais: corroem a confiança e desgastam o espírito coletivo. Quando essas atitudes se repetem, transformam o ambiente em um palco de tensão, em que cada palavra é medida e cada olhar é carregado de suspeita. Pior ainda é quando alguém escolhe encobrir o comportamento abusivo de um colega ou subordinado. Esse acobertamento funciona como uma pactuação silenciosa: ao esconder erros ou injustiças, estamos dizendo a todos que certos limites são negociáveis, e a cultura da impunidade logo se instala.

O custo desse ciclo é enorme e vai muito além do desconforto momentâneo. A confiança, base de qualquer equipe saudável, se despedaça. Profissionais talentosos se retraem, receosos de se tornarem o próximo alvo de piadas cruéis ou de cair na chicana de um gestor complacente. O acobertamento não corrige o problema; apenas o adia, permitindo que comportamentos antiéticos ou imprudentes se perpetuem. Em pouco tempo, erros operacionais se repetem, processos falham e o moral despenca em uma espiral que contamina até quem está fora da roda de retaliação.

Para quebrar esse padrão, precisamos de duas linhas de ação simultâneas. A primeira é criar canais seguros para denúncias, garantindo anonimato e proteção contra retaliações. Assim, qualquer colaborador pode expor comportamentos inadequados sem medo. A segunda é investir em ética e integridade: treinamentos regulares, discussões abertas sobre dilemas cotidianos e líderes que, pelo exemplo, mostrem que a verdade deve sempre prevalecer, mesmo quando ela exige coragem. Somente com esses pilares podemos eliminar de vez as provocações malsãs e o acobertamento que corrói a cultura organizacional.

4.4.11 Medo

Quando um ambiente de trabalho é governado pelo medo, os colaboradores sentem-se permanentemente à beira de uma armadilha: cada opinião, cada iniciativa ou mesmo cada dúvida parece poder desencadear uma retaliação, um julgamento severo ou uma punição inesperada. Nessa atmosfera, a insegurança se instala como regra, e a criatividade logo se dissolve, pois ninguém ousa expor ideias que possam ser consideradas arriscadas. A consequência é um duplo prejuízo: o ânimo do time despenca e a capacidade inovadora é enterrada viva.

O medo produz resultados imediatos e danosos. Em primeiro lugar, arrasta o moral para níveis baixos e engole o engajamento — funcionários que se sentem acuados por perderem a liberdade de errar perdem também o entusiasmo de colaborar e de buscar soluções. Em seguida, as melhores ideias são evitadas: o receio de falhar faz com que ninguém queira se expor, e a inovação, que poderia surgir de um experimento ousado, nunca sai do papel.

Além disso, o medo enrijece a comunicação. Em vez de diálogos abertos e encontros construtivos, há silêncios desconfortáveis e mensagens cifradas que circulam nos corredores. Sem confiança, o trabalho em equipe perde fôlego, pois ninguém quer assumir riscos e expor vulnerabilidades. E, por fim, o medo afasta talentos: profissionais criativos e motivados procuram lugares onde possam crescer sem a espada da punição pairando sobre suas cabeças.

Um ambiente de medo paralisa o aprendizado. Quem teme errar não aprende com as próprias falhas nem pratica o desenvolvimento contínuo; experimentações ficam impossibilitadas pela pressão de sempre acertar. Assim, a organização perde não apenas sua capacidade de inovar mas também a chance de crescer com seus profissionais.

Para romper esse ciclo, é fundamental cultivar transparência e confiança. Líderes devem convidar o diálogo aberto, demonstrando que questionamentos e sugestões são bem-vindos, e protegendo todo colaborador contra qualquer retaliação. É necessário envolver a equipe em decisões, reconhecendo publicamente as contribuições e dando autonomia para agir. Em vez de punir erros, devemos celebrá-los como oportunidades de aprendizado e crescimento. E, sobretudo, implantar políticas de não retaliação claras — mecanismos que garantam a segurança necessária para que cada voz seja ouvida e respeitada.

Como gestores, é fundamental ter consciência de que muitos colaboradores chegam ao trabalho já carregando aquelas feridas emocionais que já vimos aqui, mantidas sob controle até o momento em que relacionamentos abusivos ou desrespeitosos as reabrem. É nesses momentos que precisamos agir com empatia, oferecendo não apenas soluções imediatas mas também um acolhimento verdadeiro, capaz de restaurar a confiança e prometer um ambiente de trabalho onde o medo seja substituído pela coragem de crescer juntos.

Para ilustrar o impacto desses comportamentos, compartilho dois casos reais relatados durante minha pesquisa de doutorado.

Exemplos reais: no primeiro caso, uma profissional do médio escalão sentia que a diretora de área vinha assumindo iniciativas que deveriam ser compartilhadas, isso causava um profundo desconforto e insegurança na colaboradora. Na tentativa de retomar o controle, essa gerente afirmou sentir a necessidade de "dar uma enquadrada" na diretora, usando a expressão popular de "colocar as asinhas de fora". Esse tipo de retaliação — minar deliberadamente a confiança de alguém — impactou diretamente a autoestima da subordinada, criando um clima de rivalidade silenciosa e tornando o ambiente de trabalho hostil.

Em outro exemplo, uma organização decidiu "colocar na geladeira" um colaborador considerado "problemático". Essa estratégia consistiu em excluí-lo gradualmente de projetos, reuniões e eventos sociais internos, sob o pretexto de que ele precisaria "refrescar a cabeça". No entanto, em vez de promover um período de recuperação, a exclusão estratégica o fez sentir-se negligenciado e emocionalmente isolado. A sensação de abandono minou sua motivação e, a longo prazo, acelerou seu desligamento voluntário da empresa.

Esses dois casos demonstram como atitudes aparentemente pequenas podem causar feridas emocionais profundas. Dependendo do perfil individual, das experiências de vida e da resiliência de cada colaborador, o impacto pode ser ainda mais intenso — desde transtornos de ansiedade até o desejo de buscar novos empregos, longe de ambientes tão tóxicos.

4.5 Pensamentos e atitudes limitantes

Em algum ponto da jornada, todos enfrentamos obstáculos internos que nos impedem de explorar nosso potencial máximo. Esses bloqueios costumam nascer de crenças negativas — o medo de falhar, dúvidas sobre nossa capacidade e críticas internas impiedosas — e moldam tanto nosso desempenho quanto nosso modo de liderar.

O primeiro passo para superá-los é reconhecer esses padrões mentais. Esteja atento às vozes que sussurram "você não é capaz" ou "isso vai dar errado". Ao identificá-las, podemos questionar sua veracidade: quais evidências existem contra essas crenças? Quais experiências mostram que somos competentes e capazes de nos desenvolver?

A reprogramação mental exige coragem e prática deliberada. Desafie pensamentos automáticos com perguntas como "Isso é um fato ou apenas uma suposição?" e busque registros de conquistas — por menores que sejam — para fortalecer crenças empoderadoras. Substitua o "não consigo" por "vou tentar aprender" e observe como seu foco se desloca do medo para a possibilidade.

Cultivar uma mentalidade de crescimento é outra estratégia poderosa. Quando acreditamos que habilidades se desenvolvem por meio de esforço e prática, cada desafio torna-se uma oportunidade de aprendizado. Em vez de encarar falhas como provas de incompetência, vemos nelas lições valiosas para aperfeiçoar nosso caminho.

O apoio de mentores e colegas é um elemento-chave nessa jornada. Compartilhar dúvidas e inseguranças com pessoas de confiança gera novas perspectivas e fornece o suporte emocional necessário para enfrentar cada obstáculo. O diálogo aberto, as trocas de experiência e o incentivo mútuo alimentam a resiliência e reforçam a crença de que não estamos sozinhos.

Superar pensamentos limitantes é um processo contínuo. Pratique a autocompaixão: celebre cada pequena vitória e trate-se com a mesma gentileza que ofereceria a um amigo. Lembre-se de que a perfeição não é a meta — o progresso, sim. A consistência de pequenas mudanças no dia a dia tem o poder de remodelar crenças e, com elas, nosso modo de pensar e agir.

Como líderes, nossa transformação interna reflete diretamente na equipe. Ao adotar uma postura mais positiva e proativa, inspiramos nossos colaboradores a fazerem o mesmo. Aproveitemos esse momento de aprendizado para explorar juntos nossos padrões mentais e traçar caminhos para superá-los. Crescer é um projeto coletivo, e cada um de nós desempenha um papel fundamental nessa construção.

4.6 Exercícios práticos para desconstruir crenças e modelos mentais limitantes

Para dar poder à teoria e já colocá-la em prática neste momento de transição, selecione dois ou três destes exercícios e reserve 15-20 minutos por dia durante 7 dias para executá-los:

1. **Diário de crenças**
   - **Como fazer:** no fim de cada dia, anote em um caderno ou app:
     - Situação que gerou desconforto ou resistência (ex.: reunião em que você se sentiu acuado).
     - Pensamento automático que surgiu ("Se eu falar, serei visto como fraco").
     - Evidência contrária (um momento em que você já falou e foi bem-recebido).
   - **Objetivo:** trazer à tona a mecânica interna de cada crença, para você começar a questionar se é válida e reunir argumentos reais contra ela.

2. **Ensaio de nova crença**

   - **Como fazer:** escolha uma crença empoderadora (da tabela de crenças empoderadoras) e, em 5 minutos, escreva uma declaração poderosa no presente, por exemplo: "Toda vez que erro descubro um caminho melhor."
   - **Prática:** logo depois, passe 2 minutos diante do espelho lendo em voz alta — olhando nos próprios olhos — até sentir o peso real dessas palavras.
   - **Objetivo:** gravar no corpo e na mente um novo "manual de uso" para suas atitudes, substituindo padrões antigos.

3. **Bate-papo de feedback 360°**

   - **Como fazer:** agende com um colega de confiança duas rodadas de feedback:
     - Ele conta uma situação em que identificou em você um ponto cego comportamental (assédio, perfeccionismo, medo).
     - Você devolve, com a mesma franqueza, um padrão limitante que o colega já tenha mostrado.
   - **Objetivo:** expor crenças mapeadas em ação, criando consciência mútua e fortalecendo a segurança psicológica entre vocês.

4. **Brainstorm "sem julgamento"**

   - **Como fazer:** em uma reunião de equipe, abra um mini-workshop de 10 minutos:
     - Colete ideias mais "absurdas" que surgirem sobre um desafio real (sem criticar nada).
     - Registre tudo em post-its e somente depois agrupe temas e discuta viabilidade.
   - **Objetivo:** treinar o músculo da criatividade coletiva, mostrando que nem toda ideia deve ser "perfeita" para gerar valor.

5. **Mapa de apoio emocional**

   - **Como fazer:** desenhe uma pequena rede com você no centro e, ao redor, nomes de colegas, mentores ou amigos que oferecem:

- Escuta
- Feedback honesto
- Incentivo para experimentar

- **Prática:** sempre que surgir um pensamento limitante, escolha um "ponto de apoio" nessa rede e agende 5 minutos de conversa (presencial ou mensagem) para buscar outra perspectiva.
- **Objetivo:** não enfrente as crenças negativas sozinho; consolide uma cultura de suporte mútuo.

Dica final: anote suas descobertas e seus pequenos avanços logo após cada exercício. Releia no fim da semana para celebrar conquistas e ajustar o plano de ação.

Ao longo deste capítulo, mergulhamos na origem e no impacto dos modelos mentais limitantes, nas cicatrizes emocionais que criam e na cultura de escassez que moldam. Reconhecer e enfrentar esses padrões é a base para uma liderança humanizada, capaz de transformar ambientes e pessoas. No próximo capítulo, exploraremos a comunicação assertiva e afetiva — a habilidade de expressar ideias de maneira clara, respeitosa e empática. Essa competência é essencial para fortalecer vínculos, promover trocas verdadeiras e conduzir equipes rumo a resultados extraordinários, sem sacrificar a humanidade.

CAPÍTULO 5 - COMUNICAÇÃO AA (ASSERTIVA + AFETIVA)

> Liderança não começa quando você fala. Começa quando as pessoas escolhem te escutar.

Mais que transmitir ordens ou ideias, comunicar-se bem é conectar. E, no contexto da liderança humanizada, essa conexão deve ser construída com clareza e com cuidado — dois pilares que se encontram na comunicação AA: assertiva + afetiva.

A comunicação é uma das habilidades mais subestimadas e, ao mesmo tempo, mais impactantes no exercício da liderança. Líderes que se expressam com firmeza, mas sem perder a empatia, transformam o modo como suas equipes recebem orientações, lidam com desafios e se relacionam entre si. Quando falamos em comunicação AA, estamos propondo uma nova abordagem: aquela que une objetividade e humanidade, posicionamento e respeito, escuta e direção.

Ao longo deste capítulo, vamos entender como essa combinação pode ser aplicada na prática, quais obstáculos limitam sua expressão e como você, como líder, pode se tornar referência em uma comunicação que inspira, engaja e mobiliza.

5.1 Fundamentos da comunicação assertiva

Comunicar-se de maneira assertiva é expressar opiniões, sentimentos e necessidades com clareza, sem agressividade e sem submissão. É colocar-se com respeito, estabelecendo limites e, ao mesmo tempo, abrindo espaço para o outro. Na liderança, essa habilidade é essencial para alinhar expectativas, dar feedbacks eficazes e tomar decisões de maneira clara e objetiva.

Segundo uma pesquisa conduzida pela Gallup (2021), líderes que praticam escuta ativa, reconhecimento frequente e comunicação clara contribuem para que as equipes sejam 3,4 vezes mais propensas a se sentirem engajadas no trabalho. Isso mostra que o modo como o líder se comunica está diretamente ligado à motivação, à produtividade e ao clima organizacional.

Erros comuns na comunicação não assertiva:

- Falar de maneira passiva, esperando que o outro "adivinhe" a insatisfação.

- Explodir após acúmulo de frustrações por não expressar os limites desde o início.
- Usar palavras vagas, indiretas ou generalizações que confundem em vez de esclarecer.

Agora vamos conhecer os pilares dessa comunicação.

5.1.1 Pilares da comunicação assertiva

A comunicação assertiva é, comprovadamente, uma das maneiras mais eficazes de expressar pensamentos, sentimentos e necessidades de modo claro, honesto e respeitoso — sem ultrapassar os limites do outro nem abrir mão de si mesmo. Trata-se de encontrar o ponto de equilíbrio entre dizer o que deve ser dito e preservar vínculos, entre ser firme sem ser agressivo e acolher sem se omitir.

Segundo a Mayo Clinic, desenvolver habilidades de comunicação assertiva pode reduzir o estresse, melhorar a autoestima e fortalecer os relacionamentos interpessoais. No contexto da liderança, essas competências contribuem para a criação de ambientes de trabalho mais saudáveis, promovendo confiança, engajamento e segurança psicológica entre os membros da equipe.

A seguir, exploramos os principais pilares que sustentam essa habilidade:

1. **Clareza e objetividade:** a base da assertividade é a clareza. Isso significa transmitir uma mensagem com foco, sem rodeios nem ambiguidades. Ao escolher palavras simples, diretas e respeitosas, você facilita a compreensão e reduz ruídos. Não se trata de ser frio, mas de eliminar confusão.

   Exemplo: em vez de dizer "não sei se isso vai dar certo", um líder assertivo diria: "Tenho dúvidas sobre essa abordagem. Posso compartilhar uma sugestão alternativa?"

2. **Respeito pelos sentimentos e direitos do outro:** ser assertivo não é impor, é posicionar-se com respeito. É possível discordar sem desmerecer, criticar sem ferir, conduzir sem dominar. A empatia — compreender a perspectiva do outro mesmo que você não concorde — é a base de uma comunicação que fortalece os laços em vez de rompê-los.

   Segundo um estudo da Catalyst (2021), lideranças empáticas estão diretamente associadas ao aumento da inovação e do engajamento. Colaboradores com líderes empáticos são 61% mais propensos a se sentirem inovadores e 76% mais propensos a se sentirem engajados com o trabalho. Esses dados reforçam o impacto concreto da empatia na construção de equipes colaborativas e sustentáveis.

3. **Expressão honesta de necessidades e sentimentos:** muitos líderes se retraem por medo de parecerem frágeis. Outros, ao contrário, disfarçam necessidades em ordens ou exigências. A assertividade propõe um caminho mais autêntico: expressar o que se sente e o que se espera de maneira aberta, sem culpa nem acusação.

   Dizer "eu me sinto sobrecarregado com os prazos" é diferente de "ninguém me ajuda com nada" — o primeiro abre espaço para diálogo; o segundo fecha a porta da colaboração.

4. **Escuta ativa:** comunicar bem não é apenas falar — é ouvir com presença. A escuta ativa exige que você esteja realmente disponível para compreender o que o outro está dizendo (e o que está tentando dizer). Isso inclui perceber emoções, acolher silêncios e evitar interrupções.

   Uma escuta atenta demonstra respeito, reduz tensões e ajuda a formular respostas mais ponderadas e estratégicas.

5. **Equilíbrio entre o eu e o outro:** na comunicação assertiva, não há vencedores ou vencidos. O objetivo é construir um caminho em que ambas as partes se sintam respeitadas e ouvidas. Isso significa defender suas ideias sem ignorar as necessidades alheias.

   Em uma negociação, por exemplo, o líder pode afirmar: "Entendo sua necessidade de prazo estendido. Ao mesmo tempo, tenho a responsabilidade de garantir a entrega. Vamos juntos encontrar uma solução viável para ambos?"

6. **Inteligência emocional e autocontrole:** a assertividade exige controle emocional, principalmente em momentos de conflito. Manter a calma, reconhecer o que se sente e expressar isso sem hostilidade é sinal de maturidade.

   Reagir com agressividade desvia o foco da solução. Um líder assertivo não nega a emoção, mas sabe canalizá-la para construir, e não para ferir.

7. **Linguagem corporal alinhada:** o corpo fala — e precisa estar alinhado ao conteúdo da fala. Postura aberta, tom de voz firme (mas não ríspido), contato visual e expressão facial coerente reforçam a segurança e a transparência da mensagem.

Quando um líder diz "estou aqui para apoiar você" com os braços cruzados, olhar distante e tom apressado, a mensagem não verbal contradiz a intenção — e isso gera ruído, insegurança e desconfiança. Para que a comunicação seja realmente eficaz, palavras, tom e corpo precisam transmitir a mesma mensagem.

Dominar os pilares da comunicação assertiva é como afinar um instrumento: exige prática, atenção e disposição para corrigir desvios. Mas os benefícios são visíveis — você passa a se relacionar com mais verdade, resolve conflitos com menos desgaste e lidera com mais presença e impacto. E o melhor: sem precisar gritar, empurrar ou se esconder.

Para apoiar essa prática no dia a dia, uma das ferramentas mais conhecidas e eficazes da comunicação assertiva é a técnica Desc (describe, express, specify, consequences). Desenvolvida por Sharon e Gordon Bower, essa estrutura ajuda a construir mensagens difíceis de maneira estruturada e respeitosa, especialmente em conversas de confronto, devolutivas e alinhamento de expectativas. A seguir, conheça cada etapa desse modelo.

Ferramenta prática — Técnica Desc:

- Descrever o comportamento específico.
- Expressar como você se sente em relação a isso.
- Sugerir uma alternativa construtiva.
- Consequência: mostrar impacto ou benefício esperado.

Exemplo: "João, percebi que você chegou atrasado em três reuniões esta semana. Isso me preocupa, porque afeta o andamento do time e a percepção de compromisso. Podemos conversar sobre o que está acontecendo? Gostaria de encontrar uma solução que funcione para todos."

5.2 Fundamentos da comunicação afetiva

Já a comunicação afetiva envolve a escuta com empatia, a validação das emoções do outro e a criação de um ambiente em que as pessoas se sentem respeitadas e valorizadas. Não é sobre ser "bonzinho" ou evitar conversas difíceis, mas sobre humanizar o diálogo.

Em uma pesquisa feita pela Harvard Business Review (2020), colaboradores que se sentem ouvidos e emocionalmente acolhidos têm 62% mais chances de permanecerem engajados com suas funções e com a cultura da empresa.

Como demonstrar empatia na prática:

- Olhar nos olhos e escutar sem interromper.
- Validar emoções ("Entendo que isso tenha sido frustrante para você").
- Perguntar em vez de pressupor ("O que você gostaria que eu soubesse sobre isso?").

Estudo de caso: uma líder de equipe de TI, ao notar uma queda de rendimento em um dos analistas, em vez de cobrar diretamente, chamou-o para uma conversa. Descobriu que ele estava enfrentando uma crise familiar grave. Com base nessa escuta afetiva, reorganizou as demandas e ofereceu apoio. O resultado? Retenção do talento, aumento da confiança e uma recuperação surpreendente no desempenho.

5.2.1 Pilares da comunicação afetiva

Comunicar-se de maneira afetiva vai muito além das palavras que usamos ou do tom da nossa voz. Trata-se de como fazemos o outro se sentir na interação. Enquanto a comunicação assertiva organiza o conteúdo da mensagem, a afetiva cuida da qualidade da conexão. É essa dimensão que transforma conversas em encontros significativos — capazes de fortalecer vínculos, gerar pertencimento e nutrir o senso de valor individual dentro das equipes.

A seguir, apresento os quatro pilares que sustentam uma comunicação verdadeiramente afetiva no contexto da liderança humanizada:

1. **Pertencimento**

   Todos nós desejamos sentir que fazemos parte de algo maior. Em um ambiente profissional, esse senso de pertencimento é o que conecta o indivíduo ao propósito coletivo. Quando o líder inclui conscientemente as pessoas, valoriza as contribuições e reforça que ninguém está sozinho, o engajamento cresce — e a colaboração floresce.

   Um simples "gostaria muito da sua opinião sobre isso" pode ser o que falta para alguém se sentir, de fato, parte do time.

2. **Importância**

   Mais que participar, as pessoas querem saber que são importantes. Demonstrar que você vê o outro, valoriza o que ele oferece e reconhece sua dedicação é essencial para alimentar relações de confiança e respeito.

   Um elogio específico, um agradecimento sincero, ou até mesmo um "sei que posso contar com você" carregam um peso simbólico enorme.

3. **Significado**

   Dar sentido ao que fazemos é o que transforma tarefas em contribuição. Quando o líder comunica o porquê por trás das ações e reforça a relevância do papel de cada pessoa, ele ajuda a construir um senso coletivo de propósito.

   Mostrar como o trabalho de alguém impacta o cliente, a equipe ou a missão da organização eleva o sentimento de utilidade e realização.

4. **Distinção**

   Pessoas não querem apenas se sentir parte de um grupo — querem saber que são únicas dentro dele. A comunicação afetiva reconhece talentos, celebra autenticidades e convida à expressão individual. É isso que gera confiança, autoestima e brilho no olhar.

   Dizer "você tem uma habilidade de síntese que ajuda muito o grupo" é mais poderoso que qualquer elogio genérico.

Esses quatro pilares — pertencimento, importância, significado e distinção — constroem um ambiente emocionalmente seguro e fértil, onde as pessoas se sentem verdadeiramente vistas. E quando somos vistos, temos mais coragem de falar, mais vontade de contribuir e mais disposição para crescer com o outro.

5.2.2 Comunicação afetiva na prática: um exemplo de liderança que aproxima

A aplicação da comunicação afetiva se mostra, muitas vezes, em pequenos gestos que geram grandes transformações. Em um processo de mentoria, um líder me relatou sua frustração: apesar das boas intenções, sentia sua equipe fria, desmotivada e pouco engajada. A comunicação era objetiva, mas impessoal — e o distanciamento emocional estava criando silêncios desconfortáveis no dia a dia.

Para quebrar esse padrão, sugeri algo simples, mas profundo: a organização de um café coletivo. Ele ficou responsável pelas bebidas — café, água, sucos — e pediu a cada colaborador que trouxesse um alimento que despertasse uma memória afetiva. O convite era para que compartilhassem, por meio do alimento, uma pequena história pessoal. E, claro, ele também participaria.

Esse momento gerou conexões genuínas. Histórias de infância, comidas feitas por avós, memórias afetivas do cotidiano... Em menos de uma hora, o clima da equipe mudou. O grupo que antes mal conversava se viu trocando afeto, rindo junto e descobrindo afinidades. O líder, antes distante, passou a ser visto como alguém próximo e humano.

Criar espaços de escuta e conexão intencional não exige grandes recursos — exige presença. Quando o líder se dispõe a se conectar de maneira afetiva, ele constrói pontes que nenhuma meta ou processo é capaz de criar sozinho.

5.3 Integrando assertividade e afetividade: equilíbrio que constrói confiança

Unir assertividade e afetividade é mais que equilibrar razão e emoção — é tornar sua comunicação estratégica e, ao mesmo tempo, profundamente humana. Muitos líderes ainda caem na armadilha de acreditar que precisam escolher entre ser firmes ou ser empáticos, quando na verdade é a combinação dessas duas posturas que gera respeito, confiança e engajamento duradouro.

A assertividade proporciona clareza, limites e uma troca honesta de expectativas. Já a afetividade acrescenta empatia, acolhimento e cuidado. Uma liderança que consegue articular esses dois elementos de maneira equilibrada transforma o modo como as equipes se relacionam entre si — e com os objetivos da organização.

Quando um líder comunica uma expectativa com firmeza, mas também reconhece o esforço do outro, sua mensagem chega com potência e acolhimento. Por exemplo: "Sei que essa entrega está exigindo muito de você e entendo seu esforço. Ainda assim, precisamos garantir o prazo acordado. Como posso apoiar você para isso acontecer?" Nesse tipo de fala, há clareza e direcionamento — sem perder o vínculo afetivo.

A comunicação AA é, portanto, um exercício de presença, escuta e coragem. Exige que o líder olhe nos olhos, diga o que deve ser dito com respeito e saiba ouvir o que talvez doa, sem se fechar. É nessa dança entre firmeza e empatia que nasce o respeito mútuo — base inegociável para equipes coesas, produtivas e saudáveis.

Mais que aplicar técnicas, comunicar desse modo exige sensibilidade para adaptar a abordagem ao perfil de cada pessoa. O líder que consegue fazer isso cria um ambiente seguro, onde as metas são compreendidas com clareza e as pessoas se sentem emocionalmente apoiadas para alcançá-las.

Na próxima seção, vamos explorar um componente que potencializa (ou compromete) toda essa construção: a comunicação não verbal. Afinal, não basta o que se diz — é necessário prestar atenção também a como se diz. Porque no universo da liderança, tudo comunica.

5.4 Obstáculos comuns à comunicação AA

Embora seja poderosa, a comunicação AA esbarra em alguns desafios comuns. O primeiro deles são os modelos mentais limitantes: crenças como "se eu for firme, serei visto como autoritário" ou "se eu for empático, vão achar que sou fraco". Essas distorções impedem muitos líderes de exercitar a comunicação plena.

Outro obstáculo é a falta de hábito. Se o ambiente corporativo valoriza apenas performance e entrega, a escuta e o cuidado não são estimulados. Com o tempo, até mesmo líderes bem-intencionados se veem reproduzindo um estilo de fala frio, automatizado, distante da conexão humana.

Por fim, o medo de conflito faz com que muitos optem pelo silêncio ou por falas indiretas, o que gera ruídos, mal-entendidos e desgaste emocional. A boa comunicação não evita o desconforto — ela o atravessa com respeito e clareza.

Exercício prático: como aplicar a comunicação AA no dia a dia

1. **Prepare sua mensagem:** antes de uma conversa importante, anote o que precisa ser dito e como você gostaria que o outro se sentisse ao ouvir.

2. **Use o modelo AA:** combine afirmações claras ("preciso que isso esteja pronto até sexta") com validações afetivas ("sei que tem outras demandas e entendo que não é simples").

3. **Pratique a escuta ativa:** ouça com presença, sem interromper, e reflita sobre o que ouviu ("pelo que entendi, isso preocupa você por causa de X... Está certo?").

4. **Dê espaço para o outro falar:** permita que a conversa seja construída a duas vozes. Pergunte: "Como você está se sentindo em relação a isso?" ou "Faz sentido para você essa proposta?"

5. **Revise e aprimore:** após a conversa, avalie: você se sentiu claro? O outro se sentiu respeitado? O que poderia ser diferente em uma próxima vez?

5.5 O papel da comunicação verbal na liderança

Embora a comunicação não verbal exerça forte influência nas interações humanas, é a comunicação verbal que estrutura as relações no ambiente profissional. Especialmente em contextos corporativos, em que decisões, alinhamentos e inspirações passam pelas palavras, o modo como nos expressamos verbalmente pode ser decisivo.

As palavras que escolhemos têm o poder de motivar, esclarecer, educar e influenciar — mas o impacto delas vai muito além do conteúdo literal. Tom de voz, vocabulário, intenção e ritmo revelam (ou distorcem) aquilo que queremos realmente dizer. E, como líderes, não basta apenas falar: é necessário comunicar com clareza, consciência e propósito.

5.6 Comunicação não verbal: o corpo também fala

Quando falamos em comunicação, é comum pensar apenas nas palavras. No entanto, elas são somente a ponta do iceberg. Um estudo pioneiro de Albert Mehrabian, da década de 1970, revelou que 93% do impacto emocional de uma mensagem vêm de elementos não verbais. Isso significa que, na prática, como dizemos algo tem muito mais peso do que o que dizemos.

Segundo Mehrabian:

- 55% da comunicação está na linguagem corporal — expressões faciais, gestos, postura.
- 38% no tom de voz e variações (velocidade, entonação, pausas).
- Apenas 7% correspondem ao conteúdo verbal propriamente dito.

Embora esse modelo tenha sido debatido ao longo dos anos, principalmente por se aplicar a contextos emocionais e não a todas as interações, ele reforça uma verdade essencial: as pessoas leem o corpo antes de ouvir as palavras.

Para líderes, isso é especialmente importante. Não adianta falar de empatia com os braços cruzados e o olhar distante. Um simples "bom dia" pode soar acolhedor ou intimidador, dependendo do tom e da postura corporal. Por isso, o corpo precisa estar alinhado à intenção — e à mensagem.

O livro *Como convencer alguém em 90 segundos*, de Nicholas Boothman, oferece insights valiosos sobre esse tema. Ele mostra como os primeiros segundos de uma interação são determinantes para estabelecer confiança, e como elementos como tom de voz, sorriso, contato visual e linguagem corporal aberta podem criar conexões instantâneas.

Segundo Boothman, "o cérebro humano leva menos de dois minutos para decidir se confia ou não em alguém com base na primeira impressão". E essa decisão raramente se baseia nas palavras.

Dominar a comunicação não verbal é, portanto, uma habilidade estratégica para líderes que desejam gerar conexão, autoridade e presença — seja ao conduzir uma reunião, seja ao dar um feedback ou simplesmente iniciar uma conversa de corredor.

Mais que falar bem, é necessário comunicar com o corpo, a energia e a intenção alinhadas. É essa coerência que transforma a fala em presença — e a presença em liderança.

5.7 Comunicação e perfis comportamentais: personalizar para conectar

Mais que equilibrar assertividade e afetividade, um líder eficaz deve reconhecer que não existe apenas uma maneira de se comunicar com todos. Cada pessoa interpreta palavras, tons e gestos de acordo com seu perfil comportamental. Entender essa diversidade é essencial para construir relações mais empáticas e produtivas dentro das equipes.

Como exploramos no capítulo sobre autoconhecimento, conhecer o próprio perfil e o dos outros é uma ferramenta poderosa para ampliar a qualidade das interações. Como analista de perfil comportamental, percebo diariamente o quanto adaptar o modo de se comunicar ao estilo do outro fortalece a conexão, evita ruídos e gera mais engajamento.

A seguir, apresento uma síntese prática dos quatro perfis do modelo DISC e sugestões de abordagem para cada um deles:

1. **Perfil dominante (D) — Foco em resultado**

   Pessoas com perfil dominante valorizam objetividade, agilidade e direção clara. Preferem comunicação direta, sem rodeios ou detalhes excessivos.

Como se comunicar: vá direto ao ponto, destaque os objetivos, foque em ações e resultados. Evite longas justificativas ou explicações desnecessárias.

Exemplo: "Precisamos entregar este relatório até sexta. Você consegue assumir essa frente?"

2. **Perfil influente (I) — Foco em pessoas e inspiração**

   Indivíduos influentes gostam de interações estimulantes, entusiásticas e amigáveis. São motivados por reconhecimento e conexão.

   Como se comunicar: seja leve, positivo e engajador. Use um tom otimista, incentive e envolva. Valorize ideias e crie espaços para trocas informais.

   Exemplo: "Sua criatividade pode dar um toque especial a esse projeto. Vamos pensar juntos?"

3. **Perfil estável (S) — Foco em relações e segurança**

   Pessoas com esse perfil prezam por estabilidade, previsibilidade e harmonia no ambiente de trabalho. Sentem-se seguras em relações de confiança.

   Como se comunicar: adote um tom calmo, mostre empatia e seja paciente. Reforce o apoio da equipe e crie segurança no processo.

   Exemplo: "Sei que essa mudança pode parecer desafiadora. Estou aqui para apoiar você no que precisar."

4. **Perfil conforme (C) — Foco em precisão e qualidade**

   O perfil conforme valoriza lógica, estrutura e consistência. Gosta de detalhes, processos bem definidos e decisões com base em dados.

   Como se comunicar: seja claro, técnico e organizado. Traga dados, cronogramas e evite improvisos. Esteja preparado para perguntas objetivas.

   Exemplo: "Aqui estão os critérios do projeto e os indicadores que vamos usar para avaliar o progresso."

Adaptar a linguagem ao perfil do interlocutor não significa perder autenticidade — significa exercitar inteligência relacional. Quando o líder personaliza o modo de comunicar, a mensagem não apenas chega — ela é compreendida, aceita e valorizada. Esse cuidado fortalece os laços, melhora a colaboração e cria um ambiente de trabalho mais seguro, leve e produtivo.

5.8 A comunicação verbal como ferramenta de influência

A comunicação verbal ainda é um dos instrumentos mais poderosos da liderança — e isso é amplamente respaldado por estudos e obras clássicas sobre o tema. Um exemplo marcante é o livro *Como fazer amigos e influenciar pessoas*, de Dale Carnegie. Considerada uma das obras mais influentes sobre relacionamentos interpessoais, ela mostra como uma comunicação positiva, empática e respeitosa pode transformar completamente o modo como nos relacionamos — e, consequentemente, lideramos. Carnegie ensina que um bom líder fala menos e escuta mais, reconhece os outros de forma genuína e se comunica de maneira encorajadora e inspiradora.

Essa perspectiva ganha reforço nos estudos da psicóloga social Amy Cuddy, autora do livro *Presença*. Em suas pesquisas, Cuddy demonstra que o tom de voz e a linguagem corporal influenciam profundamente a percepção que temos de nós mesmos — e o impacto que causamos nos outros. Quando um líder se comunica com assertividade e postura confiante, sua mensagem ganha força e credibilidade. Mais que o conteúdo, é o modo como a mensagem é transmitida que determina seu poder de influência.

A *Harvard Business Review* também vem destacando, com frequência, a importância de uma comunicação clara, estruturada e significativa no exercício da liderança. O artigo "The Leader as Communicator" aponta que os líderes mais eficazes são aqueles que não apenas informam mas também inspiram. Eles conectam cada mensagem aos valores da organização, contextualizam decisões e explicam não só o quê, mas o porquê — criando alinhamento, engajamento e direção compartilhada. "Comunicar não é transferir dados. É construir sentido em conjunto", afirma o artigo.

Esse tipo de comunicação — que une clareza, propósito e inspiração — é o que diferencia líderes que apenas "informam" daqueles que, de fato, mobilizam pessoas e transformam culturas.

5.9 Insights essenciais para uma comunicação profissional eficaz

No universo da liderança, o modo como você se comunica — com o corpo, com o olhar, com a voz — é tão importante quanto as palavras que escolhe. Cada detalhe transmite uma mensagem. E, quando bem alinhados, esses sinais silenciosos se transformam em aliados poderosos para criar conexão, confiança e influência positiva.

A seguir, destaco oito insights que podem aprimorar suas interações no ambiente profissional:

1. **A primeira impressão conta — e muito**

   Nos primeiros 90 segundos de uma interação, nosso cérebro forma julgamentos rápidos sobre quem está à nossa frente. Esses julgamentos são guiados principalmente por elementos não verbais: sua postura, seu tom de voz, seu aperto de mão, seu sorriso. É o corpo falando antes da fala.

   Cuide de sua presença como quem abre a primeira página de um livro: ela determina se as pessoas continuarão a ler.

2. **Postura diz tudo (mesmo em silêncio)**

   Uma postura aberta, com ombros alinhados e braços livres, transmite segurança, receptividade e presença. Já uma postura retraída — braços cruzados, olhar baixo, tronco inclinado para trás — pode sinalizar desinteresse ou defesa.

   Seu corpo é seu cartão de visitas: alinhe-o com a intenção de sua mensagem.

3. **Linguagem corporal que conecta**

   Manter o corpo levemente voltado para a pessoa, manter contato visual equilibrado e sorrir com autenticidade são gestos simples que criam sensações imediatas de conexão.

   A linguagem corporal é o que transforma uma conversa técnica em uma troca humana.

4. **O poder do olhar nos olhos**

   Olhar nos olhos — com naturalidade e respeito — cria laços emocionais e aumenta a sensação de autenticidade. Estudos mostram que esse gesto ativa áreas do cérebro ligadas à empatia e à confiança.

   Mas atenção: o excesso pode soar invasivo. Equilíbrio é a chave.

5. **Corpo aberto, mente aberta**

   Alinhar o corpo ao da outra pessoa — sem cruzar braços, sem virar o tronco — comunica disponibilidade. Quando seu corpo diz "estou aqui com você", o cérebro do outro responde com abertura.

   A linguagem corporal de receptividade é uma ponte silenciosa que antecipa a colaboração.

6. **Mãos à mostra, confiança em alta**

   Mostrar as palmas das mãos durante uma conversa transmite transparência e segurança. Escondê-las (nos bolsos, sob a mesa) pode ser lido inconscientemente como falta de confiança ou intenção duvidosa.

   As mãos contam histórias — use-as com intenção e gentileza.

7. **Comece com cortesia e interesse genuíno**

   Uma pergunta simples como "Posso fazer uma pergunta?" ou "Tudo bem começarmos por aqui?" estabelece um tom de respeito e abertura.

   A cortesia não é formalidade — é uma linguagem silenciosa de valorização do outro.

8. **Sincronize e crie harmonia**

   Ajustar sutilmente seu tom de voz, ritmo de fala e expressões corporais ao da pessoa com quem conversa cria um efeito conhecido como espelhamento. Essa técnica, quando feita com autenticidade, fortalece a conexão e aumenta a empatia.

   Espelhar não é imitar: é sintonizar com a energia do outro para que o diálogo flua com mais naturalidade.

Esses pequenos ajustes em seu modo de se comunicar podem gerar grandes resultados. Seja em reuniões, seja em apresentações ou conversas informais, colocar esses insights em prática vai fortalecer seus relacionamentos e aumentar sua capacidade de influência. Como já dizia Amy Cuddy: "Fake it till you become it" (em tradução livre, "Treine até que vire natural", "Pratique até que vire você").

Está pronto para transformar sua presença em liderança? Então, vamos colocar tudo isso em prática.

5.10 Exercício na prática: sua comunicação inspira?

"O MODO COMO VOCÊ FALA CONSTRÓI PONTES OU LEVANTA MUROS?"

Este exercício é um convite para você, líder, olhar para a qualidade de sua comunicação — e levar esse olhar também para sua equipe.

Parte 1 — Autorreflexão

Instruções: responda com sinceridade. Este é seu espaço de pausa e consciência.

1. **Assertividade**
   - Eu costumo dizer o que penso de modo claro e objetivo?
   - Quando preciso dar feedbacks difíceis, consigo ser direto sem ser agressivo?
   - Evito conversas difíceis ou costumo enfrentá-las com respeito e coragem?

   Minha reflexão:

___

___

___

2. **Afetividade**
   - As pessoas se sentem à vontade para conversar comigo?
   - Como está minha escuta? Eu realmente ouço — ou só espero minha vez de falar?
   - Meu tom de voz, minha linguagem corporal e minhas palavras comunicam acolhimento?

   Minha reflexão:

___

___

___

3. **Avaliação**

Para cada item a seguir, dê uma nota de 1 a 5 (1 para muito pouco presente, 5 para muito presente).

Comportamento	Nota
Escuto com presença e empatia	
Comunico minhas ideias com clareza	
Demonstro consideração pelas emoções do outro	
Consigo dizer "não" com respeito	
Faço perguntas que mostram interesse genuíno	

Quais atitudes desejo fortalecer?

Qual comportamento precisa de mais atenção agora?

Parte 2 — Ação com a equipe

Agora, escolha uma das ações a seguir para aplicar com seu time.

Check-in da comunicação

Em uma reunião, pergunte ao grupo:

- O que vocês valorizam na forma como nos comunicamos aqui?
- O que podemos melhorar juntos?

Anotações das respostas e aprendizados:

____

____

____

Fechamento

A comunicação humanizada começa quando deixamos de apenas falar — e começamos a encontrar o outro com presença e intenção. Sua fala é um espelho de sua liderança. O que ela tem refletido? Quais soft skills precisam de mais intencionalidade em sua comunicação?

Palavras finais dessa jornada de reflexão:

____

____

____

Exercício prático: comunicação AA no dia a dia

Objetivo: treinar a comunicação assertiva e afetiva com intenção, consciência e empatia, aplicando-a em uma situação real de liderança.

1. **Identifique uma situação real sobre a qual se deve conversar:**

   Pode ser uma orientação que você está evitando, um feedback difícil ou uma conversa importante com alguém da equipe.

   Exemplo: um colaborador está atrasando entregas com frequência e isso está impactando o time.

2. **Use o modelo AA para planejar a conversa:**

   - O que você precisa dizer com clareza? (mensagem assertiva)
   - Como você pode demonstrar empatia ao dizer isso? (mensagem afetiva)
   - Qual é o objetivo da conversa?
   - Qual é o melhor momento/contexto para essa conversa?

   "João, tenho percebido que algumas entregas estão atrasando. Sei que você tem se esforçado e que estamos em um período exigente, mas esses prazos estão afetando o restante da equipe. Quero entender como posso apoiá-lo para que a gente consiga manter o fluxo sem sobrecarregar ninguém."

3. **Observe e registre:**

   Após a conversa, anote:

   - Como você se sentiu durante a comunicação?
   - A outra pessoa respondeu com abertura ou resistência?
   - O que funcionou bem e o que pode ser aprimorado?

4. **Faça uma autoavaliação:**

   Em uma escala de 1 a 5, avalie:

   - Fui claro e direto, sem ser agressivo?
   - Demonstrei escuta e empatia genuína?
   - Mantive a calma e o foco no propósito da conversa?

Dica final: repita esse exercício com diferentes pessoas e contextos. A prática constante é o que transforma habilidade em naturalidade. E lembre-se: comunicar com clareza e com cuidado é uma escolha diária — e é isso que constrói líderes que movem pessoas.

5.11 A comunicação humanizada como pilar da liderança transformadora

Na liderança, comunicar-se vai muito além de transmitir instruções ou alinhar metas. Comunicar é construir confiança, cultivar respeito e gerar conexão genuína com as pessoas. É por meio da comunicação que se molda a cultura de um time — e é por ela que se inspira movimento e transformação.

Líderes que dominam a tríade da comunicação assertiva, afetiva e não verbal conseguem criar ambientes de pertencimento, motivação e colaboração verdadeira. São líderes que não apenas "falam bem", mas fazem com que as pessoas se sintam ouvidas, respeitadas e valorizadas.

O segredo está no equilíbrio: ser claro e direto ao comunicar expectativas, mas com empatia e sensibilidade para compreender o contexto e as emoções do outro. E, acima de tudo, alinhar palavras, tom e presença para que a mensagem seja coerente, segura e inspiradora.

Quando a comunicação é humanizada, a liderança deixa de ser apenas estratégica — e passa a ser significativa. Ao usar suas palavras com intenção, seu corpo com consciência e sua escuta com abertura, você não apenas conduz pessoas: você se conecta com elas. E é dessa conexão que nasce o engajamento, a confiança e os resultados duradouros. Liderar é comunicar. Mas liderar com humanidade é transformar.

Agora que exploramos como a comunicação assertiva, afetiva e não verbal pode transformar o modo como líderes se relacionam com suas equipes, é hora de dar o próximo passo: construir ambientes verdadeiramente colaborativos. Porque comunicar bem é só o começo. O que fazemos com essa conexão — como transformamos escuta em ação, voz em pertencimento e diálogo em construção coletiva — é o que define o impacto real de nossa liderança.

No próximo capítulo, vamos mergulhar na prática da liderança colaborativa: como promover a confiança, distribuir responsabilidades, fortalecer vínculos e criar equipes que não apenas trabalham juntas — mas também crescem juntas.

CAPÍTULO 6 - LIDERANÇA COLABORATIVA E TRABALHO EM EQUIPE

> Sozinhos vamos mais rápido. Juntos, vamos mais longe — e mais saudáveis.

No mundo corporativo, é comum ouvir frases como "a equipe é o nosso maior ativo". Mas, na prática, muitas lideranças ainda operam sob uma lógica de controle, em que o time é apenas um recurso — e não um organismo vivo, com talentos diversos, necessidades humanas e potenciais que florescem apenas quando há espaço para colaboração.

Após explorarmos os pilares do autoconhecimento, da comunicação e da desconstrução de crenças limitantes, chegamos ao ponto em que tudo se entrelaça: o trabalho em equipe. Porque não adianta um líder se conhecer bem, comunicar-se com clareza e empatia, se não souber cultivar um ambiente onde as pessoas cocriam, se apoiam e crescem juntas.

Em um estudo publicado pela MIT Sloan Management Review, pesquisadores mostraram que a combinação entre segurança psicológica, colaboração e desenvolvimento de habilidades socioemocionais está diretamente ligada ao aumento da performance organizacional. Times que cultivam um ambiente de confiança apresentam maior engajamento, adaptabilidade e inovação contínua (Edmondson; Hugander, 2024).

A colaboração, portanto, não é apenas uma soft skill: é um diferencial estratégico para ambientes em constante transformação. E talvez você esteja se perguntando: como liderar de maneira colaborativa sem perder controle? Como promover união sem cair na ilusão de que todos precisam concordar o tempo todo? E mais importante: como criar um ambiente onde o talento coletivo floresce sem apagar as individualidades?

Ao longo deste capítulo, vamos mergulhar em tudo isso: os pilares da liderança colaborativa, os erros mais comuns dos líderes bem-intencionados, as armadilhas do "falso trabalho em equipe" e, claro, exemplos e práticas para fortalecer o senso de pertencimento, corresponsabilidade e confiança mútua. Porque liderar equipes de alta performance não é apenas sobre fazer com que todos "joguem no mesmo time" — é garantir que todos saibam qual é o jogo, onde está o gol e que cada passe importa.

Vamos começar por um ponto fundamental: conhecer a si mesmo como líder. Um líder só consegue inspirar e servir quando compreende profundamente quem ele é. Em cada capítulo, temos nos aprofundado nesse tema e neste não seria diferente; vamos entender seu estilo de liderança, que se manifesta diretamente no trabalho com a equipe.

6.1 O estilo de liderança de cada perfil

Em todos os treinamentos e consultorias sobre perfis comportamentais que conduzo, uma pergunta se repete com frequência: "Afinal, qual é o melhor estilo de liderança?" E minha resposta também se mantém firme: não existe um estilo ideal — existe o estilo certo para a pessoa certa, no contexto certo.

Quando você conhece suas forças, atua em uma função que valoriza suas habilidades e, principalmente, gosta do que faz, cria-se o cenário perfeito para uma liderança genuína, coerente e eficaz. Liderar não é interpretar um papel nem repetir fórmulas prontas. Liderar é ser autêntico. É agir com consciência sobre suas competências e também sobre os pontos que ainda precisam ser desenvolvidos. É exatamente essa autenticidade que separa um líder verdadeiro de alguém que apenas ocupa um cargo de chefia.

E é por isso que conhecer seu perfil comportamental é um divisor de águas. Quando você entende quem você é, passa a liderar com mais intenção, respeitando o próprio jeito de inspirar, motivar e construir confiança. E mais: desenvolve também a capacidade de respeitar o ritmo, as necessidades e o estilo de cada membro da equipe. É aí que a verdadeira colaboração acontece — e que a liderança humanizada deixa de ser teoria para se tornar prática.

A seguir, vamos explorar os estilos de liderança que costumam emergir de cada perfil comportamental e como você pode exercê-los de maneira mais humana, respeitosa e impactante — sem perder de vista seu jeito único de liderar.

6.1.1 Líder dominante

Se você tem um perfil dominante, é provável que seja um líder de decisões rápidas, com coragem para assumir riscos e energia para movimentar tudo a seu redor. Você gosta de desafios, é orientado para resultados e não hesita em tomar a frente quando a equipe precisa de direção. Sua presença transmite segurança e seu foco serve como bússola para o time.

Mas atenção: sua maior força pode facilmente se tornar seu ponto de desequilíbrio. A urgência em alcançar metas pode levar à impaciência, à rigidez e à pouca escuta. Por isso, o convite aqui é claro: pratique escuta ativa, amplie sua sensibilidade às necessidades do grupo e valorize o poder da colaboração. Liderar com resultado é ótimo — mas liderar com resultado e conexão é o que realmente transforma.

Pontos fortes

A liderança do perfil dominante se destaca pela agilidade na tomada de decisões. Esse líder não trava diante dos desafios — analisa o cenário, confia na própria experiência e age com firmeza. Sua ousadia o leva a explorar caminhos novos, inovar e correr riscos calculados, sempre com o olhar voltado para o futuro.

Além disso, tem coragem para sair do óbvio, transformar planos em ação e manter todos em movimento. Seu senso de urgência o protege da procrastinação e do excesso de análise: ele prefere agir e ajustar o percurso a paralisar diante da dúvida.

Outro diferencial é sua capacidade de inspirar pelo exemplo. Líderes dominantes têm uma energia contagiante, que impulsiona a equipe a pensar grande, sair da zona de conforto e perseguir resultados ousados. Eles não aceitam o "mais do mesmo" — e por isso despertam em seus liderados a vontade de superar limites.

Pontos de atenção

Por mais potente que seja, esse perfil precisa desenvolver a habilidade de modular o ritmo e a forma de conduzir. Um dos principais riscos é adotar uma postura autoritária, em que a eficiência se sobrepõe à escuta e à construção coletiva. O tom direto demais pode ser percebido como insensibilidade — e isso mina a confiança ao longo do tempo.

Outro ponto crítico é a impaciência com ritmos diferentes. Nem todos operam na mesma velocidade — e isso não significa falta de competência. Aprender a respeitar essas diferenças é sinal de inteligência emocional, e não de fraqueza. Um ambiente saudável exige espaço para que cada talento entregue o melhor sem medo de julgamento.

Além disso, o líder dominante deve se lembrar de celebrar vitórias e reconhecer esforços. Por estar sempre focado no que falta alcançar, pode acabar ignorando os progressos já conquistados. No entanto, elogios sinceros, mesmo sobre pequenas conquistas, têm um impacto profundo no moral da equipe.

Insight: resultados são importantes, mas o caminho que você percorre com sua equipe é o que constrói seu legado como líder.

Ação prática:

- No fim de cada reunião, pergunte à equipe: "O que eu posso fazer para apoiá-los melhor esta semana?"
- Escute com presença, sem interromper. Anote e coloque em prática sempre que possível. Esse gesto simples gera confiança e reforça a abertura para o diálogo.
- Estabeleça momentos fixos na semana para oferecer feedback positivo. Reconheça avanços, compartilhe aprendizados e celebre progressos — não apenas corrija falhas.
- Em decisões que impactam diretamente a equipe, abra espaço para consulta. Isso não significa abrir mão da liderança, mas, sim, incluir diferentes perspectivas antes de definir o rumo.

6.1.2 Líder influente

O líder com perfil influente costuma adotar um estilo carismático, inspirador e altamente conectado às pessoas. Ele lidera com leveza, proximidade e entusiasmo — e sua maior força está justamente na capacidade de criar vínculos reais, engajar pelo afeto e gerar movimento por meio da comunicação.

É aquele líder que vê nas pessoas o maior ativo da equipe e acredita, com convicção, que pessoas felizes produzem mais e melhor. Seu ambiente de trabalho costuma ser descontraído, criativo e aberto ao diálogo — novas ideias são bem-vindas e o senso de pertencimento é alimentado todos os dias.

A comunicação é sua principal ferramenta de influência. Ele motiva com palavras, inspira com sua visão otimista e contagia a equipe com seu entusiasmo. E mais: sabe reconhecer os talentos ao redor, fazendo elogios sinceros, celebrando conquistas e promovendo o clima de colaboração que tanto valoriza.

Como toma decisões

Líderes influentes costumam decidir com agilidade, confiando muito na intuição e nas impressões que captam por meio de interações sociais. Gostam de consultar a equipe, propor debates abertos e construir decisões coletivas sempre que possível.

É importante, porém, ter atenção: o desejo de manter o clima leve e harmonioso pode levá-los a evitar conflitos ou relativizar dados mais objetivos, o que pode prejudicar a qualidade de algumas decisões. Desenvolver o hábito de consultar fatos e equilibrar emoção com análise é um passo importante para decisões mais assertivas.

Como gerencia desafios

Mesmo diante de crises, o líder influente tende a manter o bom humor, a escuta e o tom acolhedor. Ele tem forte capacidade de adaptação, o que o torna especialmente útil em contextos de mudança e incerteza.

Sua presença emocional ajuda a acalmar o time e sua criatividade natural o leva a buscar soluções fora do óbvio. Mais que resolver sozinho, ele encoraja o time a cocriar as saídas.

Como conduz a equipe

Seu estilo é marcadamente democrático e participativo. Prefere inspirar a impor, delegar a controlar. Acredita que, quando as pessoas se sentem valorizadas e ouvidas, o engajamento vem naturalmente.

No entanto, esse excesso de flexibilidade pode gerar riscos. A liberdade que proporciona pode resultar em falta de foco, atrasos ou baixa produtividade, caso não seja equilibrada com critérios claros de resultado e acompanhamento estruturado. Por isso, o líder influente precisa aprender a dosar inspiração com direção. Ser leve não é ser permissivo. Equilíbrio é a chave.

Foco principal do estilo influente

Esse líder é orientado para pessoas. Seu foco está em relacionamentos, motivação e colaboração. Acredita que construir laços sólidos com sua equipe é o melhor caminho para alcançar metas e cultivar resultados sustentáveis a longo prazo.

Ferramenta prática: check-in de foco e direção

No início da semana (ou de um novo projeto), separe 10 minutos para um check-in com cada membro da equipe. Faça três perguntas-chave:

- Qual é sua prioridade esta semana?
- Existe algo que pode atrapalhar você a alcançar esse objetivo?
- Como posso apoiar você para que isso aconteça?

Essas perguntas ajudam o líder influente a manter o time com foco sem perder o tom leve, respeitoso e motivador. Além disso, possibilitam identificar desafios antes que eles virem gargalos de produtividade.

Dica: anote os principais pontos dessas conversas e revisite-os na semana seguinte. Isso demonstra interesse genuíno, reforça o compromisso mútuo e nutre a cultura de responsabilidade com leveza.

6.1.3 Líder estável

O líder com perfil estável é facilmente reconhecido pela postura acolhedora, empática e equilibrada. Sua condução é pautada pela escuta ativa, pela busca constante por harmonia e pela criação de um ambiente seguro, onde as pessoas se sintam respeitadas, valorizadas e pertencentes.

Ele é o tipo de líder que transmite confiança pelo jeito calmo de ser, pela consistência nas atitudes e pela habilidade de manter o time coeso mesmo em meio ao caos. Valoriza a previsibilidade, evita decisões precipitadas e atua como verdadeiro guardião da estabilidade emocional da equipe.

Principais características e pontos fortes

1. **Conciliador e colaborativo:** o líder estável prefere o caminho do diálogo e da cooperação. Tem facilidade para lidar com diferentes pontos de vista, atua como mediador em situações de conflito e busca sempre soluções equilibradas. Seu foco está no grupo, e não no ego — por isso, é percebido como pacificador e referência de equilíbrio.

2. **Decisões construídas em conjunto:** dificilmente tomará decisões de modo unilateral. Ele prefere a escuta e o consenso, garantindo que todos se sintam incluídos no processo. Isso gera um senso de pertencimento e engajamento natural na equipe.

3. **Paciente e atento ao bem-estar da equipe:** com olhar atento e gentil, conduz com calma e respeita o tempo de cada pessoa. Sua presença constante e sua disponibilidade fazem dele um excelente mentor no dia a dia. É o tipo de líder que investe tempo real em desenvolver pessoas.

4. **Constante e confiável:** é o tipo de pessoa que transmite segurança simplesmente por manter o equilíbrio. Não age com impulsividade nem autoritarismo. Suas falas são ponderadas, suas ações coerentes. Isso cria um espaço emocionalmente seguro para o time prosperar.

5. **Resiliente e perseverante:** mesmo sob pressão, não perde a compostura. O líder estável é resiliente, persiste com firmeza e costuma ser o último a desistir de algo em que acredita. Essa tranquilidade diante de dificuldades serve de âncora para a equipe nos momentos mais turbulentos.

6. **Organizado e metódico:** com senso prático bem desenvolvido, tende a ser altamente estruturado. Cria processos claros, define passos e ajuda o time a manter o foco e a direção. Sua organização reduz ruídos de comunicação e aumenta a eficiência.

Pontos de atenção

- **Tolerância excessiva com falhas ou comportamentos inadequados:** na tentativa de preservar a harmonia, pode ser condescendente demais. Ao não intervir prontamente, corre o risco de parecer permissivo e, com isso, desmotivar os colaboradores mais comprometidos.

- **Dificuldade para impor limites ou tomar decisões impopulares:** o medo de desagradar pode levá-lo a adiar conversas difíceis e evitar correções necessárias. Isso compromete a liderança, gera confusão e prejudica a justiça interna da equipe.

- **Complacência que leva à estagnação:** o conforto da estabilidade pode levá-lo à zona de segurança excessiva. Quando isso ocorre, evita propor mudanças, ousar ou desafiar a equipe — o que pode gerar desmotivação e sensação de rotina engessada.

- **Resistência a mudanças rápidas e tomada de decisão lenta:** por buscar sempre refletir e consultar todos, pode ter dificuldade em lidar com situações que exigem rapidez. Em cenários ágeis, sua hesitação pode ser um obstáculo.

- **Baixa ambição por crescimento ou inovação:** o desejo de manter tudo em equilíbrio pode fazer com que evite riscos e se acomode em zonas de conforto. Quando isso ocorre, tanto seu crescimento quanto o da equipe ficam comprometidos.

Dicas de desenvolvimento

- Pratique a assertividade. Lembre-se: dizer "não" ou corrigir uma falha com firmeza é um ato de cuidado, e não de agressão.

- Equilibre escuta com decisão. Buscar consenso é positivo, mas a liderança exige posicionamento claro nos momentos importantes.

- Saia da zona de conforto com frequência. Proponha novos desafios para você e para o time, mesmo que em pequenas doses.
- Treine feedbacks objetivos. Aprenda a oferecer devolutivas claras, com foco em comportamento e desenvolvimento, sem perder o tom respeitoso.
- Estimule a autonomia. Monitore com proximidade, mas incentive os liderados a crescerem, assumirem responsabilidades e tomarem iniciativa.

6.1.4 Líder conforme

O líder com perfil conforme adota um estilo pautado pela precisão, excelência técnica e pelo compromisso com padrões elevados. Metódico, criterioso e altamente analítico, esse líder conduz a equipe com base em dados, lógica e processos bem definidos. Para ele, a qualidade nasce da disciplina, do planejamento minucioso e da fidelidade a normas que garantem consistência e segurança.

Com olhar técnico e estruturado, o líder conforme se destaca pela atenção aos detalhes, clareza nas análises e capacidade de enxergar falhas que passariam despercebidas a outros perfis. Ele valoriza profundamente o conhecimento e tende a conquistar a confiança por meio da competência e da solidez de suas entregas.

Como age no dia a dia

É um líder que planeja antes de agir. Suas decisões são embasadas, ponderadas e, quase sempre, precedidas de uma análise aprofundada. Não é movido pela emoção ou pela pressa — prefere a certeza à intuição, e os fatos às opiniões. Essa abordagem, embora mais cautelosa, transmite segurança à equipe em projetos complexos e de alta responsabilidade.

Seu senso de organização se manifesta em todas as etapas: desde o início de um planejamento até a revisão final das entregas. Muitas vezes, revisa pessoalmente relatórios, apresentações ou propostas, não por desconfiança, mas por zelo com a qualidade e responsabilidade com os resultados. É, sem dúvida, um líder que leva o trabalho a sério — e espera o mesmo dos outros.

Como se relaciona com a equipe

O líder conforme preza por relações profissionais, diretas e formais. Costuma evitar envolvimentos emocionais e interações informais demais, preferindo manter um tom objetivo e centrado nas tarefas. Embora isso contribua para manter o foco e a seriedade, pode acabar dificultando a criação de vínculos mais próximos e afetivos com o time.

Essa postura, somada à sua exigência por excelência, pode ser percebida pela equipe como rigidez, frieza ou distanciamento. O foco constante em apontar o que deve ser melhorado, sem valorizar os avanços conquistados, tende a gerar desmotivação e a sensação de que "nada é suficiente".

Desafios comuns

Entre os maiores desafios desse perfil está o risco da centralização. Por desejar manter o controle da qualidade em cada detalhe, pode resistir a delegar tarefas, duvidando da capacidade dos outros de manter o padrão dele. Essa atitude, embora compreensível, pode inibir a autonomia, a criatividade e o engajamento da equipe.

Outro ponto de atenção é a dificuldade de lidar com mudanças repentinas ou cenários ambíguos. Por preferirem estruturas claras e previsíveis, líderes com esse perfil podem se sentir inseguros diante do improviso ou da ausência de regras. Isso pode travar a tomada de decisões em contextos que exigem mais agilidade ou inovação.

Oportunidades de desenvolvimento

O maior ganho para o líder conforme ocorre quando ele percebe que excelência técnica e sensibilidade humana não são opostos — são complementares. Ao desenvolver escuta ativa, praticar o reconhecimento sincero e flexibilizar padrões de controle, ele ganha espaço para se tornar não apenas um gestor preciso mas também um líder inspirador.

Quando equilibra rigor com empatia e método com abertura, esse perfil transforma sua liderança em uma força rara: capaz de aliar alta performance a consistência, sem abrir mão do respeito, da confiança e da valorização de cada pessoa da equipe.

Pontos fortes

- Organização, comprometimento e alto padrão de qualidade.
- Inspira confiança pela consistência e previsibilidade.
- Habilidade para planejar, seguir processos e manter o foco técnico com excelência.

Pontos a desenvolver

- Tendência a resistir a mudanças ou decisões sem diretrizes claras.

- Necessidade de desenvolver mais autonomia, flexibilidade e confiança na equipe.
- Dificuldade de valorizar informalidade e criar vínculos mais próximos com os liderados.

6.2 Os estilos de liderança e a força da autenticidade

Ao longo desta jornada pelos diferentes estilos de liderança, uma mensagem se torna evidente: não existe perfil ideal — existe autenticidade consciente. Todos os estilos têm qualidades valiosas e pontos a desenvolver. Nenhum líder é completo, mas todos têm o potencial de crescer quando se conhecem de verdade.

Cada perfil comportamental carrega consigo uma combinação única de talentos, motivações e desafios. E é justamente essa diversidade que torna o ambiente de trabalho mais rico, humano e potente. Reconhecer seus pontos fortes e ter coragem de encarar suas limitações não é sinal de fraqueza — é o que diferencia o líder que apenas ocupa um cargo daquele que inspira e transforma.

Demonstrar vulnerabilidade é um ato de força. Quando você diz "Eu ainda estou aprendendo", abre espaço para que sua equipe também aprenda, erre, inove e se desenvolva com mais confiança.

Liderança humanizada começa em um lugar: no autoconhecimento. Quando um líder se permite ser ele mesmo — sem máscaras, sem fórmulas prontas —, ele cria um ambiente de segurança e estímulo, onde todos se sentem mais livres para crescer juntos.

E vale lembrar: times de alta performance não são formados por pessoas iguais, mas por perfis diferentes que se respeitam, se complementam e se fortalecem mutuamente. A verdadeira força de uma equipe está na soma de seus contrastes.

Nesse contexto, ousadia e vulnerabilidade deixam de ser opostos e passam a caminhar lado a lado: são estas que impulsionam a inovação, a colaboração e o fortalecimento dos laços de confiança. E é justamente sobre isso que vamos falar a seguir. Porque não basta conhecer seu estilo de liderança se você não souber compartilhar esse espaço com o outro. No próximo bloco, vamos explorar o que é, de fato, a liderança colaborativa — modelo que transforma a relação entre líder e equipe, valoriza o protagonismo coletivo e coloca a confiança no centro de tudo.

Vamos juntos descobrir como construir ambientes em que as vozes se somam, as ideias se expandem e os resultados acontecem — com mais harmonia e humanidade.

6.3 O que é, de fato, liderança colaborativa?

Liderança colaborativa não é sobre ser um "líder bonzinho" nem sobre abrir mão da autoridade. Trata-se de mudar o centro da liderança — do controle — para a construção conjunta. É a habilidade de envolver pessoas nas decisões, distribuir responsabilidades com clareza e promover uma cultura em que todos se sintam parte do processo e dos resultados.

Enquanto o modelo tradicional de liderança tem como foco "dar ordens e cobrar entregas", a liderança colaborativa se estrutura em escuta ativa, confiança mútua e propósito compartilhado. O líder não é mais o "único cérebro da equipe", mas, sim, o facilitador de um ambiente onde a inteligência coletiva pode florescer.

Insight: um líder colaborativo não pensa em "quem manda", mas, sim, em "como podemos construir juntos".

Exemplo real: durante uma consultoria, conheci uma gerente de marketing chamada Clara. Ao assumir a liderança de um time desmotivado, ela percebeu que as decisões vinham sempre de cima para baixo — e a equipe não sentia que a própria opinião importava. Clara, então, criou um ritual: toda segunda-feira a equipe se reunia para definir as prioridades da semana em conjunto. Cada membro sugeria ações com base nas metas macro da área. O resultado? Em menos de dois meses, o nível de engajamento subiu visivelmente, os projetos ganharam mais agilidade e os resultados passaram a vir acompanhados de um sentimento de conquista coletiva.

Esta é a essência da liderança colaborativa: as pessoas deixam de trabalhar para você — e começam a trabalhar com você.

Na próxima seção, vamos explorar os pilares que sustentam esse tipo de liderança e o que você pode começar a fazer, ainda hoje, para fortalecer essa cultura em seu time.

6.3.1 Os cinco pilares da liderança colaborativa

Para que a colaboração ocorra de verdade — e não apenas como discurso bonito nas paredes da empresa —, é necessário que a liderança esteja alicerçada em pilares sólidos. A seguir, você verá os cinco elementos que sustentam uma liderança genuinamente colaborativa e transformadora.

1. **Confiança mútua:** a colaboração começa quando existe segurança. Se as pessoas têm medo de errar, de serem julgadas ou de terem as ideias descartadas, elas não colaboram — protegem-se. A liderança colaborativa promove segurança psicológica: cada pessoa sabe que pode contribuir sem medo de retaliação.

   Líderes que confiam na equipe criam equipes que confiam nos líderes.

2. **Escuta ativa e real:** ouvir não é apenas esperar sua vez de falar. Escuta ativa significa prestar atenção de verdade, acolher ideias divergentes e ter humildade para mudar de rota quando necessário. Quando um líder escuta com presença e respeito, ele ativa o potencial coletivo do grupo.

   Um bom líder tem respostas; um líder colaborativo, antes disso, tem perguntas.

3. **Clareza de direção:** colaboração não é bagunça. A autonomia é produtiva apenas quando existe clareza de propósito, metas e papéis. A liderança colaborativa deixa claro onde queremos chegar, quais são os critérios de sucesso e quem é responsável pela entrega — sem microgerenciar, mas também sem largar a equipe à deriva.

   Liberdade sem direção é ansiedade. Direção sem liberdade é opressão. O equilíbrio é o segredo.

4. **Distribuição de poder:** no modelo tradicional, o poder se concentra no líder. Já na liderança colaborativa, ele é compartilhado por meio da responsabilidade distribuída. O líder deixa de ser o "dono da decisão" e passa a ser o "guardião do processo".

   Quando você envolve as pessoas nas decisões, elas se comprometem com os resultados.

5. **Cultura de reconhecimento e pertencimento:** a colaboração floresce onde há valorização. Celebrar conquistas coletivas, reconhecer contribuições individuais e cultivar um senso real de pertencimento transforma grupos em equipes de verdade.

   Pessoas que se sentem vistas entregam mais que resultados — entregam lealdade, energia e propósito.

Esses cinco pilares são como engrenagens: quando uma falha, todo o sistema perde eficiência. Mas quando funcionam juntos, criam um ambiente onde o trabalho em equipe deixa de ser obrigação — e passa a ser uma escolha natural.

Na próxima seção, vamos falar sobre os principais erros que impedem a colaboração de ocorrer, mesmo em equipes com boas intenções.

6.3.2 Erros que minam a colaboração (mesmo com boas intenções)

Você pode ter uma equipe talentosa, um ambiente acolhedor e as melhores ferramentas à disposição — mas se certos comportamentos não forem identificados e ajustados, a colaboração simplesmente não ocorre. A seguir, estão os erros mais comuns que impedem times de se tornarem, de fato, colaborativos:

1. **Dizer que confia, mas não delegar:** é comum o líder dizer que confia na equipe — mas centralizar todas as decisões ou revisar minuciosamente cada entrega. Isso transmite, na prática, que ele não confia. Colaboração não sobrevive quando há microgestão.

   Confiança é real apenas quando vem acompanhada de autonomia.

2. **Reunir todos, mas ouvir poucos:** líderes que abrem espaço para a equipe opinar, mas tomam decisões sozinhos (ou validam somente a opinião de sempre), geram frustração. Com o tempo, os colaboradores deixam de participar ativamente porque percebem que suas vozes não têm peso.

   Reunir pessoas sem escutá-las é apenas encenação.

3. **Fugir dos conflitos (ou abafá-los):** colaboração verdadeira não significa harmonia artificial. Equipes colaborativas entram em desacordo, sim — mas com respeito, escuta e compromisso com a solução. Ignorar ou suprimir conflitos em nome da "paz" mina a confiança e inibe a inovação.

   Um líder colaborativo não evita tensões — ele cria espaços seguros para que elas possam ser resolvidas com maturidade.

4. **Tratar todos de modo igual:** equidade não é dar os mesmos elementos para todos, mas, sim, reconhecer as diferenças e oferecer o que cada um precisa para performar com excelência. Ignorar os estilos, ritmos e perfis da equipe compromete o senso de justiça e o engajamento.

   Colaboração exige personalização, não padronização.

5. **Não alinhar expectativas:** esperar colaboração de uma equipe que não sabe o que se espera dela é como cobrar desempenho sem mostrar o placar. A

falta de alinhamento entre objetivos, responsabilidades e critérios de sucesso gera confusão, retrabalho e frustração.

Antes de pedir colaboração, entregue direção.

Reconhecer esses erros é um ato de humildade — e o primeiro passo para transformá-los. No próximo bloco, vamos ver estratégias práticas para cultivar o espírito colaborativo na rotina, desde a condução de reuniões até a construção de uma cultura de corresponsabilidade.

6.3.3 Como cultivar o espírito colaborativo no dia a dia

A colaboração não nasce de discursos bonitos ou manuais de cultura — ela é construída, passo a passo, nas atitudes do cotidiano. A seguir, você encontra práticas que contribuem para tornar o trabalho em equipe mais engajado, corresponsável e humano.

1. **Crie espaços reais de escuta:** agende reuniões regulares de alinhamento em que o foco não seja apenas "reportar", mas ouvir. Comece com perguntas abertas como:

   - "O que está funcionando bem para vocês?"
   - "Tem algo atrapalhando a fluidez de nosso trabalho?"

   Ouvir sem interromper, validar contribuições e agir com base no que foi dito fortalece o sentimento de pertencimento.

2. **Estimule a coautoria:** ao apresentar um desafio, convide a equipe para pensar junto. Em vez de trazer a solução pronta, traga a pergunta certa:

   - "Como vocês resolveriam isso se fossem os líderes deste projeto?"

   Essa postura ativa a inteligência coletiva e distribui o protagonismo.

3. **Faça rodadas de feedback entre pares:** crie momentos em que os membros da equipe troquem feedbacks construtivos entre si — não só com o líder. O feedback entre pares desenvolve maturidade relacional e fortalece a rede de confiança interna.

4. **Estabeleça acordos, não apenas regras:** em vez de impor normas, proponha a construção de acordos de convivência e operação:

   - "Como queremos funcionar como equipe?"

- "O que valorizamos e do que não abrimos mão?"

  Esses combinados, quando construídos coletivamente, geram mais engajamento que qualquer manual de conduta.

5. **Reconheça em público, ajuste no privado:** celebre atitudes colaborativas com intencionalidade — mencione nomes, reconheça comportamentos, conecte com valores. E, se necessário, trate os desalinhamentos de maneira reservada. O equilíbrio entre elogio e correção fortalece a segurança psicológica.
6. **Pratique o "nós" mais que o "eu":** troque frases como "Decidi que faremos assim" por "Construímos juntos essa solução". A linguagem molda a cultura. O uso frequente do "nós" reforça a ideia de que o time é protagonista — não apenas executor das decisões do líder.

Essas práticas, somadas de maneira consistente, geram uma transformação cultural silenciosa, mas profunda. Quando a equipe percebe que sua voz tem espaço, que seus talentos são reconhecidos e que o líder é um facilitador (e não um controlador), a colaboração deixa de ser um ideal e passa a ser uma experiência viva, diária e inspiradora.

No próximo bloco, vamos explorar os diferentes papéis dentro da equipe colaborativa — e o que você pode fazer para valorizar e potencializar cada um deles.

6.3.4 Os diferentes papéis em uma equipe colaborativa

Em equipes colaborativas de verdade, cada pessoa deixa de ser "só mais uma engrenagem" e passa a ter um papel único, reconhecido e valorizado. Nem todos vão liderar reuniões, nem todos serão os mais criativos — e tudo bem. O valor dc uma equipe está na diversidade de forças que se complementam.

Identificar e respeitar os diferentes papéis é uma das chaves para que a colaboração funcione na prática. A seguir, alguns papéis essenciais que se repetem em equipes de alta performance:

1. **O conector:** é quem aproxima pessoas, percebe tensões sutis e contribui para o bom clima do time. Costuma ter sensibilidade emocional e promove a harmonia nas relações.

   Papel essencial em momentos de transição, conflitos ou sobrecarga emocional.

2. **O executor:** é prático, objetivo e focado em entregar. Gosta de tirar ideias do papel e tem uma mentalidade voltada para resultados.

   Papel fundamental para dar ritmo e garantir que os planos saiam da teoria para a ação.

3. **O criativo:** é quem traz ideias novas, enxerga possibilidades diferentes e desafia o *status quo*. Nem sempre é o mais metódico, mas é uma fonte importante de inovação.

   Papel decisivo em momentos de reinvenção ou construção de estratégias.

4. **O analítico:** gosta de investigar, analisar dados e trazer argumentos racionais. Ajuda a prever riscos, organizar processos e fundamentar decisões.

   Papel essencial para trazer equilíbrio em decisões estratégicas ou em situações de dúvida.

5. **O guardião da cultura:** é a pessoa que cuida dos valores, do propósito e do "jeito de ser" da equipe. Costuma lembrar o grupo das razões pelas quais estão juntos e mantém viva a essência do time.

   Papel importante para alinhar atitudes e garantir coerência entre discurso e prática.

Esses papéis não são "caixinhas fixas". A mesma pessoa pode transitar entre dois ou mais deles, dependendo do contexto. O que importa é o líder saber observar, valorizar e equilibrar essas funções — sem premiar apenas quem aparece mais ou fala mais alto.

Uma equipe equilibrada não é aquela em que todos fazem tudo, mas aquela em que cada um tem espaço para oferecer seu melhor. Liderar colaborativamente é, também, garantir que essa diversidade seja respeitada e canalizada para o bem comum.

Na próxima seção, vamos tratar de como lidar com desafios em equipes colaborativas, especialmente quando surgem conflitos, resistências ou sobrecarga.

6.3.5 Lidando com desafios em equipes colaborativas

A colaboração é poderosa — mas não é sempre fácil. Times que realmente se envolvem nas decisões, compartilham responsabilidades e constroem juntos também estão mais expostos a atritos, divergências e períodos de sobrecarga. E isso é natural. A diferença está em como o líder lida com esses desafios.

A seguir, estão alguns dos obstáculos mais comuns e estratégias para enfrentá-los com inteligência e maturidade:

1. **Conflitos de ideias ou de personalidade:** conflito não é sinal de fracasso — é sinal de que há envolvimento. O problema é quando ele é ignorado ou tratado de maneira impulsiva.

   Como agir: promova conversas francas, medeie com escuta ativa e, se necessário, utilize ferramentas como a comunicação não violenta (CNV) ou círculos de diálogo para restaurar a conexão.

   Não se trata de evitar conflitos, mas de criar maturidade para resolvê-los com respeito.

2. **Resistência à corresponsabilidade:** nem todos estão prontos, de imediato, para assumir mais autonomia. Às vezes por medo, às vezes por histórico de ambientes punitivos.

   Como agir: vá aos poucos. Comece com pequenas responsabilidades compartilhadas, celebre avanços e construa a confiança progressivamente.

   Corresponsabilidade se aprende com prática, confiança e acolhimento dos erros.

3. **Desnível de participação:** alguns membros tendem a dominar as discussões, enquanto outros se retraem. Isso pode gerar desequilíbrio na construção coletiva.

   Como agir: crie dinâmicas em que todos tenham tempo de fala, estimule os mais introspectivos com perguntas diretas e reconheça as contribuições de maneira equilibrada.

   Equilíbrio é criar espaços onde todos possam se expressar com segurança — inclusive os mais silenciosos.

4. **Sobrecarga do líder colaborativo:** quando o líder tenta estar em tudo e para todos, o modelo colaborativo pode virar exaustão.

   Como agir: distribua decisões, confie nos acordos construídos e aceite que nem tudo precisa passar por você.

   Liderança colaborativa não é presença constante — é presença significativa e confiança distribuída.

Esses desafios não são sinais de que a colaboração falhou — são parte do processo. Liderar colaborativamente é aceitar que crescer junto envolve ruídos, ajustes e aprendizados. Mas os frutos que vêm desse processo são muito mais sólidos que qualquer entrega feita no isolamento.

No próximo e último bloco deste capítulo, vamos reunir ações práticas e exercícios para fortalecer a cultura de colaboração, a fim de ajudar você a colocar tudo isso em movimento com sua equipe.

6.4 Fortalecendo a cultura de colaboração: exercícios e ações práticas

Colaboração não se impõe — cultiva-se. E, como todo cultivo, ela precisa de intenção, constância e espaço para florescer. A seguir, você encontra sugestões práticas para fortalecer esse mindset em sua equipe.

1. **Roda de alinhamento semanal (20-30 minutos)**

   Reserve um momento fixo da semana para que todos compartilhem:

   - Um avanço da semana anterior
   - Um desafio atual
   - Um pedido de apoio

   Esse simples ritual ajuda a criar transparência, estimula a corresponsabilidade e quebra silos silenciosos. Se for possível, promova esse encontro presencial ou com câmeras abertas — olhar nos olhos faz diferença.

2. **Dinâmica "Quem ajudou você esta semana?"**

   No fim de uma reunião de equipe, peça para cada pessoa dizer o nome de alguém do time que a ajudou naquela semana — e como.

   Essa prática fortalece a cultura de valorização, aumenta a percepção de interdependência e ativa o reconhecimento entre pares (não apenas do líder para a equipe).

3. **Painel de talentos e contribuições**

   Em uma reunião de planejamento ou retrospectiva, estimule a equipe a nomear os talentos individuais presentes no grupo.

   - "Quem é ótimo em organização?"
   - "Quem tem boas ideias?"

- "Quem nos ajuda a manter a calma?"

Transforme essas percepções em um mapa visual. Isso mostra o quanto cada pessoa é única e indispensável — e aumenta o senso de valor coletivo.

4. **Cocriação de regras e acordos**

Em vez de criar regras sozinho, proponha um exercício colaborativo:

- "Que tipo de ambiente queremos construir?"
- "O que é inegociável para nós como equipe?"

Registre em conjunto os acordos essenciais. Equipes que cocriam códigos de convivência sentem mais pertencimento e responsabilidade sobre o que constroem.

5. **Diálogo 1:1 com perguntas colaborativas**

Use conversas individuais não apenas para cobrança ou alinhamento técnico, mas também para fortalecer a colaboração. Pergunte:

- "Com quem você gostaria de colaborar mais de perto?"
- "Como posso ajudar você a se sentir mais à vontade para contribuir nas decisões?"
- "Tem alguma ideia para melhorar o trabalho coletivo da equipe?"

6. **Ferramenta Eu Felicito — Autoavaliação com autorresponsabilidade**

Preencha as colunas sobre fatos, sobre si, sobre o outro ou sobre projetos.

EU FELICITO	EU CRITICO	EU SUGIRO

Esses exercícios não são complicados. São convites. Convites para criar mais escuta, mais conexão e mais intenção em como as pessoas trabalham juntas.

Ao aplicar essas ações de maneira contínua — e não apenas pontual —, você começará a perceber algo poderoso: a colaboração deixa de ser esforço e passa a ser cultura.

***

Os quatro pilares da liderança humanizada: um novo jeito de sustentar pessoas e resultados

Ao longo dos últimos capítulos, mergulhamos nos quatro pilares que sustentam uma nova maneira de liderar: mais humana, mais consciente e mais potente. Começamos pelo autoconhecimento aplicado, que nos lembra que toda liderança começa de dentro. Um líder que se conhece, que reconhece suas emoções, motivações e limites lidera com mais equilíbrio, intencionalidade e verdade.

Seguimos com a necessidade de quebrar modelos mentais limitantes — aquelas crenças herdadas, muitas vezes inconscientes, que nos fazem agir no piloto automático e que minam a colaboração, a inovação e a confiança. Superar essas barreiras é abrir espaço para novas possibilidades de conexão e crescimento. Depois, exploramos a força da comunicação assertiva e afetiva, essencial para construir relações saudáveis, liderar com clareza e desenvolver times que se sentem escutados, valorizados e alinhados com os objetivos coletivos. Por fim, entramos no campo da liderança colaborativa, em que o líder deixa de ser o centro para se tornar facilitador: alguém que cria pontes, derruba muros e transforma grupos em equipes coesas e engajadas.

Esses quatro pilares não são estágios lineares, mas, sim, forças que se complementam. Juntos, eles formam a base de uma liderança sólida, que sustenta pessoas sem deixar de entregar resultados. Uma liderança que não sacrifica saúde emocional em nome da produtividade — e que entende que um time forte nasce de relações fortes.

Se você chegou até aqui, é porque já compreendeu que liderar não é apenas gerir tarefas. É cuidar de gente, facilitar processos, promover autonomia e construir propósito compartilhado. A partir do próximo capítulo, vamos entrar na Parte III de nosso livro: "Aceleradores de performance." É hora de conectar tudo o que aprendemos sobre liderança humanizada com práticas e estratégias que impulsionam resultados de maneira sustentável, sem abrir mão daquilo que mais importa: as pessoas.

Porque quando cuidamos da raiz, os frutos vêm.

PARTE III

ACELERADORES DE PERFORMANCE: COMO GERAR RESULTADOS SEM PERDER A ESSÊNCIA DA EQUIPE

Se até aqui falamos sobre as raízes da liderança humanizada — pilares que sustentam o estilo de liderança que cuida, inspira e transforma —, agora é hora de olhar para o movimento que vem depois: a ação.

Performance não é oposto de humanização. Pelo contrário. Em ambientes onde há segurança psicológica, comunicação transparente e vínculos genuínos, as pessoas produzem mais e melhor. Elas não agem por medo ou pressão, mas por compromisso, pertencimento e clareza de propósito.

Liderar com resultados é possível — e necessário. Mas, para isso, é necessário ativar alavancas estratégicas que sustentem a performance de modo saudável e consistente. Alavancas que vão muito além de metas agressivas, cobranças excessivas ou controles sufocantes.

Nesta parte do livro, você vai conhecer os aceleradores de performance: competências e práticas que, quando bem aplicadas, criam um ciclo virtuoso entre bem-estar e resultado, entre autonomia e responsabilidade, entre liderança e protagonismo.

Começamos por um tema muitas vezes incompreendido, mas absolutamente essencial: a motivação. Porque antes de cobrar resultados, um líder precisa entender o que realmente move sua equipe — e como criar um ambiente em que as pessoas queiram dar seu melhor.

E, na sequência, exploraremos outras competências-chave, como a inteligência emocional, a flexibilidade e a gestão construtiva de conflitos — aceleradores que fortalecem a cultura de alta performance com saúde e humanidade.

CAPÍTULO 7 - MOTIVAÇÃO, SALÁRIO EMOCIONAL E ENGAJAMENTO

Liderar é tocar o que move o outro — e isso vai muito além de metas, planilhas e cobranças.

Motivação é uma daquelas palavras que, com o tempo, ganhou peso — e, para muitos, perdeu valor. Virou sinônimo de frase feita, palestra vazia ou promessa de produtividade milagrosa. Por isso, não é raro ouvir líderes dizendo que "motivação é supérflua" e que o importante mesmo são metas, hábitos e disciplina. Mas essa visão é, no mínimo, incompleta.

Motivação e disciplina não são forças que se anulam — são potências que se complementam. A motivação dá direção emocional ao esforço; a disciplina dá estrutura. E o líder que compreende isso tem em mãos uma chave poderosa para gerar engajamento duradouro e resultados consistentes.

Neste capítulo, vamos desmistificar a motivação, entender o que a ciência nos ensina sobre ela, explorar a diferença entre motivação intrínseca e extrínseca, e, principalmente, descobrir como a liderança pode criar ambientes emocionalmente inteligentes que favoreçam o florescimento de ambas.

Você verá como reconhecimento, propósito, autonomia e segurança emocional — o que chamamos "salário emocional" — são determinantes para o engajamento real das pessoas. E mais: como atitudes simples, porém intencionais, mudam completamente o clima da equipe e o nível de entrega dos colaboradores.

Vamos também conhecer histórias reais de líderes que aplicaram esses princípios no dia a dia e colheram frutos em forma de motivação genuína, redução de rotatividade, inovação e alto desempenho.

Se você lidera pessoas e deseja mais que apenas "bater metas", mas, sim, criar um time motivado de dentro para fora, este capítulo é para você.

7.1 Desmistificando a motivação

Ao longo de minha trajetória profissional, já ouvi muitas versões da seguinte frase: "ninguém precisa de motivação, precisa de disciplina." Em parte, essa ideia tem mérito — afinal, bons hábitos sustentam resultados a longo prazo. No entanto, acreditar que motivação é descartável é ignorar o que a ciência vem demonstrando há décadas: motivar-se é humano — e é isso que dá cor, direção e significado às nossas ações.

A motivação está no centro de algumas das principais teorias da psicologia. Uma das mais reconhecidas é a teoria da autodeterminação, de Deci e Ryan (1985), que identifica dois tipos fundamentais de motivação: a intrínseca e a extrínseca.

Motivação intrínseca

É aquela que nasce de dentro. O desejo de praticar uma atividade pelo prazer que ela proporciona, pelo desafio que representa, pelo propósito que carrega. Não depende de bônus, reconhecimento ou recompensas externas. Está associada ao engajamento mais profundo, à autodisciplina e à performance consistente.

Para ilustrar, compartilho a história de uma mentorada que, desde a infância, sonhava em se tornar gerente. Ainda menina, brincava de liderar. Quando entrou no mercado de trabalho como estagiária administrativa, agarrou a oportunidade com entusiasmo e visão de futuro. Passou anos estudando, se aprimorando, observando líderes que admirava. Fez faculdade, pós-graduação, MBA, estudou inglês — tudo sem que ninguém pedisse. Movida por um sonho que era só dela. Hoje, é gerente — e lidera com brilho nos olhos.

Essa trajetória é um retrato claro de motivação intrínseca em ação: o propósito interno que sustenta a jornada, mesmo diante dos obstáculos.

Motivação extrínseca

Já a motivação extrínseca está ligada a fatores externos: recompensas, prêmios, status, reconhecimento social ou até mesmo o medo de punições. Embora muitas vezes seja vista com ressalvas, a motivação extrínseca não é negativa — ela pode ser o ponto de partida para o engajamento, especialmente em tarefas menos atraentes ou rotineiras.

O desafio da liderança é equilibrar essas duas formas de motivação e criar um ambiente que favoreça o crescimento da motivação intrínseca — sem desprezar o papel dos estímulos externos. Em um ambiente justo, reconhecedor e que valoriza o ser humano, a motivação extrínseca pode se transformar em ponte para o pertencimento, a autonomia e o compromisso verdadeiro.

Vamos entender agora como recompensas mal aplicadas podem enfraquecer a motivação interna — e como algumas organizações, por exemplo a Disney, conseguem utilizar estímulos extrínsecos de maneira estratégica, inspiradora e profundamente humana.

7.2 Como recompensas podem fortalecer ou sabotar a motivação

Muitos líderes acreditam que recompensas externas são sempre benéficas — afinal, quem não gosta de reconhecimento? No entanto, a ciência mostra que nem toda recompensa engaja. Algumas, inclusive, podem minar a motivação intrínseca, quando aplicadas de maneira controladora ou desconectada de valores mais profundos.

Um estudo clássico de Deci, Koestner e Ryan (1999), que analisou 128 experimentos sobre recompensas e motivação, revelou que recompensas externas controladoras podem reduzir o interesse e o engajamento em tarefas originalmente motivadas por fatores internos. Por outro lado, recompensas informativas — que reconhecem progresso ou competência — podem reforçar a motivação intrínseca, especialmente quando estão alinhadas ao senso de autonomia e significado pessoal. Ou seja, não é a recompensa em si que engaja ou desengaja — é o modo como ela é aplicada e percebida.

Um excelente exemplo prático disso é a Disney. Em vez de focar prêmios financeiros, a empresa desenvolveu programas simbólicos, criativos e altamente eficazes. Um deles é o Applause-O-Gram, espécie de certificado de reconhecimento que pode ser preenchido por colegas ou pelos próprios visitantes para destacar um comportamento positivo de um colaborador (os famosos *cast members*).

Outro programa inspirador é o Guest Service Fanatic Awards, entregue regularmente a funcionários que se destacam no atendimento. O mais interessante: as indicações partem tanto dos colegas quanto dos clientes. Esses reconhecimentos são imediatos, visíveis e celebrados pela liderança, criando um ambiente onde ser valorizado passa a ser rotina — e não exceção.

Há ainda o Partners in Excellence, que reconhece aqueles que incorporam com excelência os valores da empresa. Todos esses exemplos reforçam o senso de pertencimento, propósito e orgulho — sem a necessidade de recompensas financeiras.

Esse tipo de estratégia fortalece a motivação extrínseca sem enfraquecer a motivação interna. Pelo contrário: amplia o senso de identidade e propósito dentro da organização. A Disney entende, com maestria, que reconhecer não é apenas premiar — é lembrar às pessoas o impacto que elas geram todos os dias.

A seguir, vamos aprofundar o conceito de salário emocional e entender por que este é um dos pilares mais importantes da liderança humanizada.

7.3 O que é salário emocional e por que é tão importante?

Salário emocional é tudo aquilo que faz com que uma pessoa queira continuar em uma equipe, mesmo quando surgem propostas mais atrativas financeiramente. Ele é composto de fatores não monetários que impactam diretamente o bem-estar, o senso de pertencimento, a motivação e a conexão com o propósito do trabalho.

Elementos como reconhecimento, clima organizacional positivo, oportunidades de crescimento, qualidade de vida, equilíbrio entre vida pessoal e profissional, escuta ativa e valorização da individualidade fazem parte desse conceito. Mais que um "bônus subjetivo", o salário emocional se tornou um dos principais fatores de retenção e engajamento nas organizações contemporâneas.

De acordo com Gallasch, Almeida e Marziale (2021), profissionais que percebem esse cuidado têm maior satisfação e permanecem mais tempo nas organizações. E essa percepção não depende de grandes investimentos: começa com a presença do líder, o respeito nas interações e o interesse real pelo outro.

Em um dos projetos que acompanhei, uma prática simples trouxe um impacto significativo: criamos, com a equipe, um ritual semanal chamado Momento de Valor. No fim de cada semana, cada colaborador era convidado a reconhecer publicamente um gesto, uma atitude ou contribuição de um colega. Em pouco tempo, a prática fortaleceu vínculos, aumentou a percepção de pertencimento e melhorou o clima da equipe. Tudo isso sem nenhum investimento financeiro.

Outro exemplo emblemático ocorreu em uma consultoria com profissionais da área da saúde. Durante a escuta ativa conduzida com a equipe, um enfermeiro compartilhou: "Nunca fui tão ouvido quanto aqui. Sinto que sou parte da solução, não apenas quem executa." Esse relato sintetiza o poder do salário emocional: ele gera significado.

Salário emocional não é mimo, é estratégia. Organizações que entendem isso colhem os frutos em forma de engajamento, inovação e retenção. E líderes que sabem nutrir esse ambiente emocionalmente saudável são os que mais mobilizam seus times — com ou sem bônus no fim do mês.

Na próxima seção, vamos aprofundar como a motivação intrínseca pode ser ativada por meio de três pilares centrais identificados por Deci e Ryan: autonomia, competência e pertencimento.

7.4 Os três pilares da motivação intrínseca: autonomia, competência e pertencimento

Segundo a teoria da autodeterminação (Deci e Ryan, 1985), três elementos fundamentais sustentam a motivação intrínseca: autonomia, competência e pertencimento. Quando esses três pilares estão presentes no ambiente de trabalho, as pessoas não apenas cumprem suas funções — elas se sentem engajadas, realizadas e emocionalmente conectadas ao que fazem.

1. **Autonomia**

   Autonomia não significa ausência de regras ou falta de direção. Significa ter liberdade para escolher como executar as tarefas, opinar nas decisões que impactam seu trabalho e perceber que sua voz é ouvida. Quando o colaborador sente que tem espaço para pensar, propor e agir com responsabilidade, ele se engaja de modo muito mais genuíno.

   Um estudo publicado no *Journal of Organizational Behavior* (Gagné e Deci, 2005) mostrou que ambientes que promovem autonomia tendem a aumentar a satisfação, o comprometimento e a performance dos colaboradores. Líderes que microgerenciam ou impõem tudo de maneira unilateral sufocam esse pilar e, com ele, a motivação que vem de dentro.

2. **Competência**

   Todos nós queremos sentir que somos bons naquilo que fazemos — ou, ao menos, que estamos evoluindo. Quando as pessoas percebem que estão aprendendo, se desenvolvendo e sendo desafiadas de maneira construtiva, elas se sentem mais vivas, úteis e engajadas.

   Isso não depende de cargos ou promoções constantes, mas de uma liderança que dê espaço para que cada pessoa aplique suas forças, receba feedbacks consistentes e tenha clareza sobre seus progressos.

3. **Pertencimento**

   O ser humano é um ser relacional. Trabalhamos melhor quando sentimos que fazemos parte de algo maior, que somos aceitos e valorizados pelo grupo. Um ambiente de confiança, respeito mútuo e reconhecimento sincero fortalece vínculos e sustenta a motivação mesmo diante de pressões externas.

Quando líderes investem em construir relações genuínas com suas equipes — ouvindo com atenção, demonstrando cuidado e valorizando contribuições — o senso de pertencimento floresce. E isso se traduz em engajamento, lealdade e colaboração.

Como você verá a seguir, promover esses três pilares no dia a dia é mais simples que parece — e tem um impacto enorme. Vamos agora a exemplos e práticas que contribuem para transformar esses conceitos em ação concreta.

7.5 Como ativar a motivação na prática: ações para o dia a dia da liderança

Conhecer os pilares da motivação é essencial. Mas tão importante quanto isso é saber como traduzi-los em atitudes diárias — simples, reais e consistentes — que façam a diferença na experiência de quem trabalha com você.

A seguir, você encontrará estratégias práticas para ativar e sustentar a motivação de sua equipe. Essas ações podem parecer pequenas, mas, quando praticadas com intenção e regularidade, constroem uma cultura de pertencimento, confiança e entusiasmo genuíno.

1. **Crie rituais de reconhecimento espontâneo:** o reconhecimento não precisa estar restrito à avaliação de desempenho. Um elogio sincero após uma apresentação, um agradecimento público em uma reunião ou até um bilhete rápido de valorização podem transformar o dia de alguém. Reconheça não apenas grandes conquistas mas também o esforço, o progresso e o comprometimento diário.

2. **Estimule conversas 1:1 regulares:** reserve tempo para ouvir seus liderados individualmente. Não espere que eles tragam demandas — inicie a conversa com empatia: "Como você está? Em que posso apoiar você?" Essas conversas aproximam, revelam necessidades escondidas e fortalecem a confiança.

3. **Compartilhe o porquê, não só o quê:** explique o propósito por trás das metas, das mudanças e dos projetos. Pessoas engajadas não são apenas aquelas que sabem o que fazer, mas aquelas que entendem o impacto do que fazem. O senso de significado é um potente combustível para a motivação intrínseca.

4. **Dê espaço para a participação ativa:** convide a equipe a contribuir com ideias, decisões e melhorias. Delegue não só tarefas mas também poder de escolha. Quando as pessoas sentem que suas opiniões moldam a realidade, o engajamento se fortalece.

5. **Cultive feedbacks construtivos e contínuos:** feedback não é apenas correção. Ele é uma ponte entre o desempenho atual e o potencial de desenvolvimento. Focalize comportamentos, seja específico e mantenha o tom respeitoso. Ao reforçar o que está funcionando e orientar o que pode melhorar, você mostra que acredita no crescimento do outro.

6. **Promova pequenos momentos de escuta coletiva:** inicie reuniões com uma pergunta como: "Qual momento de orgulho você viveu esta semana?" ou "Alguém gostaria de agradecer ou reconhecer um colega?" Isso cria um ambiente de valorização mútua e fortalece vínculos.

7. **Cuide da saúde emocional do time:** esteja atento aos sinais de exaustão, desmotivação ou desconexão. Incentive pausas, celebre conquistas coletivas e normalize o cuidado com o bem-estar. Um ambiente emocionalmente seguro é a base para qualquer estratégia de motivação funcionar.

Essas ações não exigem grandes investimentos nem estruturas sofisticadas. O que elas pedem é intencionalidade, consistência e presença. Porque, no fim, é isso que mais motiva: saber que, além de um cargo, somos vistos como pessoas.

No próximo bloco, vamos explorar histórias reais de líderes que aplicaram esses princípios — e os resultados que colheram em suas equipes.

7.6 Casos reais de liderança que motiva: exemplos inspiradores

Nada ensina mais que ver a teoria funcionando na prática. A seguir, compartilho três histórias que acompanhei de perto — exemplos de líderes que transformaram o engajamento de suas equipes por meio de pequenas mudanças de postura, alinhadas aos princípios da motivação humanizada.

1. **O líder que passou a ouvir e viu a equipe florescer**

   Durante uma mentoria com um gerente de operações, percebemos que o maior obstáculo à motivação da equipe era a falta de escuta. Ele era técnico, preciso, comprometido — mas raramente parava para ouvir os liderados. Ao longo do processo, ele passou a implementar conversas 1:1 semanais com foco em acolher, escutar e entender o outro lado. Em poucos meses, o clima da equipe se transformou. O que antes era silêncio virou colaboração. E o mais marcante: a produtividade aumentou, sem que nenhuma nova meta fosse imposta. Foi o clima que mudou — e com ele, o resultado.

2. **A coordenadora que criou um ritual de reconhecimento**

   Em uma empresa da área administrativa, uma coordenadora criou um momento semanal chamado Quinta do Valor. A dinâmica era simples: cada colaborador podia reconhecer publicamente algo positivo que um colega fez. O impacto foi imediato. Os elogios passaram a ser espontâneos, a confiança entre os membros do time cresceu e os conflitos diminuíram. Em três meses, a equipe relatou maior senso de pertencimento, e o RH identificou uma queda nos pedidos de desligamento voluntário.

3. **O gestor que percebeu que motivação não era sobre bônus**

   Em um projeto com uma equipe de tecnologia, um desenvolvedor relatou que o momento mais marcante de seu ano foi ser convidado por seu gestor para apresentar uma ideia em uma reunião da diretoria. "Não ganhei um real por isso, mas me senti valorizado. Aquilo mudou minha relação com o trabalho", ele disse. O gestor, ao ouvir esse relato, passou a identificar oportunidades semanais de dar visibilidade ao time. Resultado? Um aumento expressivo na proatividade e na criação de soluções inovadoras.

Esses exemplos mostram que motivação não é sobre fórmulas mágicas. É sobre pessoas. E pessoas se movem por significado, reconhecimento, escuta e pertencimento.

No próximo e último bloco, vamos reunir essas reflexões em um convite prático para você aplicar em seu dia a dia como líder: um exercício de autopercepção e conexão com a própria experiência motivacional.

7.7 Exercício de reflexão: qual é a sua fonte de motivação?

A motivação é um campo vivo. Ela muda, adapta-se e se renova ao longo do tempo — assim como nós. O que movia você ontem pode não ser o que move você hoje. Por isso, liderar com consciência exige uma escuta atenta não só do outro mas também de si mesmo.

Neste capítulo, vimos que motivar não é sobre discursos prontos ou fórmulas universais. É sobre criar contextos humanos, cultivar vínculos verdadeiros e entender que cada pessoa tem um código próprio de engajamento. Quando o líder reconhece isso — e lidera com presença, escuta, clareza e intenção —, o time floresce.

Para fechar este bloco, deixo um convite prático e reflexivo. Reserve alguns minutos e responda com sinceridade:

Exercício: sua motivação em perspectiva

1. Pense em um momento em que você esteve muito motivado por fatores externos (motivação extrínseca).
   - O que ocorreu?
   - Como você se sentiu?
   - Qual foi o impacto em seu desempenho?
2. Agora, lembre-se de uma situação em que sua motivação veio de dentro (motivação intrínseca).
   - Qual era o contexto?
   - Você dependia de alguém para se manter firme?
   - Qual foi seu nível de envolvimento e entrega?
3. Olhe para sua equipe hoje:
   - Quais pessoas parecem mais motivadas por estímulos externos?
   - Quem você acredita que age movido por propósito e realização pessoal?
   - Como você pode adaptar sua liderança para valorizar e ativar ambos os tipos de motivação?
4. Por fim, reflita sobre seu papel:
   - Que tipo de salário emocional você está oferecendo a seu time hoje?
   - Como você pode reconhecer melhor, ouvir mais, dar mais espaço ou direcionar com mais propósito?

Este exercício não exige perfeição — exige presença. E toda liderança humanizada começa por quem a exerce.

No próximo capítulo, vamos explorar outro elemento-chave da performance: a inteligência emocional. Porque liderar bem começa em saber cuidar de si — para, então, cuidar do outro com mais equilíbrio, empatia e clareza.

Capítulo 8 - Inteligência emocional

> Você pode ser brilhante tecnicamente, mas se não souber lidar com suas emoções — e com as dos outros — sua liderança terá prazo de validade.

Essa frase resume bem por que inteligência emocional deixou de ser um diferencial e passou a ser uma exigência para qualquer líder que deseje gerar resultados sustentáveis com pessoas engajadas e respeitadas.

Daniel Goleman, autor do best-seller *Inteligência emocional*, foi um dos primeiros a popularizar esse conceito no mundo corporativo. Em suas pesquisas, ele mostrou que cerca de 90% da diferença entre líderes medíocres e líderes extraordinários está relacionada à inteligência emocional, e não à capacidade técnica.

Mas o que isso quer dizer, na prática?

Significa que não basta saber o que fazer — é necessário saber como se comportar diante do que ocorre, especialmente nos momentos de pressão, conflito, mudança ou erro. Significa reconhecer suas emoções, gerenciá-las com maturidade e ainda criar espaço para que os outros também o façam.

Líderes emocionalmente inteligentes não são aqueles que nunca se desestabilizam — são aqueles que desenvolvem a habilidade de observar-se, ajustar-se e comunicar-se com empatia mesmo sob pressão. E é essa habilidade que gera segurança psicológica, confiança e conexão dentro das equipes.

Ao longo deste capítulo, vamos explorar os cinco pilares da inteligência emocional, adaptados ao contexto da liderança, com exemplos reais e exercícios práticos. Você verá que, mais que um traço de personalidade, a inteligência emocional é uma competência treinável — e, quando desenvolvida, transforma o modo como você se relaciona com sua equipe e consigo mesmo. Porque, no fim, liderar bem começa com o que ocorre do lado de dentro.

8.1 Os cinco pilares da inteligência emocional na liderança

1. **Autoconsciência: a liderança começa pelo espelho**

   Um líder emocionalmente inteligente é aquele que reconhece o que está sentindo — e entende como isso impacta suas atitudes, decisões e relações.

   Autoconsciência é saber nomear suas emoções, perceber seus gatilhos e reconhecer padrões emocionais que se repetem.

   Exemplo: um líder que se percebe mais impaciente em semanas de pressão extrema pode antecipar reações e ajustar seu modo de se comunicar com o time, evitando ruídos desnecessários e falas ríspidas.

   Pergunta-chave para desenvolver:

   "O que estou sentindo agora — e por que isso está surgindo?"

2. **Autogestão: sentir é humano, reagir com sabedoria é escolha**

   Autogestão é a capacidade de lidar com suas emoções sem ser dominado por elas. Não significa reprimir sentimentos, mas, sim, escolher como responder às situações, mesmo diante do estresse, da frustração ou da insegurança.

   Exemplo: durante uma reunião crítica, um líder recebe uma crítica pública sobre uma decisão recente. Em vez de reagir com defensividade, ele respira, acolhe o desconforto e propõe uma conversa em separado. Essa atitude preserva o respeito e o foco no resultado.

   Pergunta-chave para desenvolver:

   "Como posso reagir com equilíbrio diante dessa emoção?"

   Toda situação pode ser encarada sob diferentes ângulos — e a maneira como escolhemos reagir determina não só o desfecho mas também o clima emocional ao redor.

   O Leque de Possibilidades é um exercício simples e poderoso: diante de um desafio ou emoção intensa, pare e escreva dez maneiras diferentes de reagir. Algumas podem ser mais impulsivas, outras mais conscientes, algumas mais ousadas, outras mais ponderadas. O objetivo não é escolher a "certa" de imediato, mas ampliar sua consciência de escolha.

Quanto mais amplo for seu leque, maior será sua liberdade emocional.

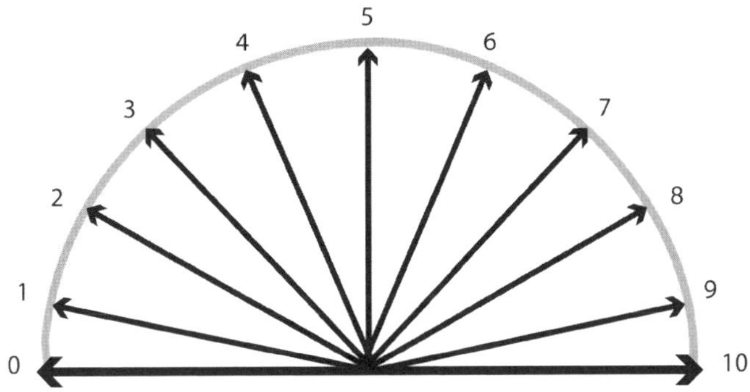

Leque de possibilidades	
1	2
3	4
5	6
7	8
9	10

3. **Motivação interna: líderes não empurram, eles inspiram**

Motivação interna é a capacidade de se manter comprometido com os objetivos mesmo diante dos obstáculos — guiado por propósito, valores e senso de contribuição.

Exemplo: em um projeto desafiador com a equipe desanimada, a líder relembra o propósito do trabalho, reconhece o esforço coletivo e compartilha conquistas intermediárias, mantendo o time energizado e conectado ao todo.

Pergunta-chave para desenvolver:

"O que me conecta profundamente a esse desafio?"

4. **Empatia: empatia não é concordar com o outro, é compreender a perspectiva do outro**

   Um líder empático lê as entrelinhas, percebe o que está por trás do comportamento do colaborador e se comunica levando em conta a experiência emocional do outro.

   Exemplo: um colaborador que costumava performar bem começa a atrasar entregas. Em vez de julgar, o líder o convida para uma conversa aberta — e descobre que ele enfrenta uma situação familiar delicada. Esse olhar acolhedor abre espaço para uma reorganização temporária e evita o desgaste da relação.

   Pergunta-chave para desenvolver:

   "O que essa pessoa pode estar sentindo que ainda não foi dito?"

5. **Gestão de relacionamento: é a soma dos quatro pilares anteriores em ação com o outro**

   Trata-se da habilidade de construir relações saudáveis, lidar com conflitos, dar feedbacks construtivos e desenvolver conexões de confiança com a equipe.

   Exemplo: um líder que mantém conversas frequentes com a equipe, oferece escuta ativa, reconhece os avanços e corrige com respeito cria um ambiente em que as pessoas se sentem seguras para contribuir e crescer.

   Pergunta-chave para desenvolver:

   "Estou fortalecendo ou enfraquecendo a confiança em minhas relações diárias?"

Esses cinco pilares não são habilidades inatas — são soft skills que podem (e devem) ser treinadas. Na liderança, cada uma delas se transforma em combustível para a construção de um ambiente mais estável, produtivo e humano.

8.2 Por que a inteligência emocional é tão decisiva na liderança?

Segundo Daniel Goleman, responsável por popularizar o conceito, inteligência emocional representa até 90% da diferença entre líderes medianos e líderes de alta performance.

Esse número foi citado em seu artigo para a *Harvard Business Review*, em que ele analisou mais de quinhentos executivos de diferentes setores e concluiu que, entre todas as competências de liderança avaliadas, as que mais impactavam o desempenho estavam ligadas ao domínio emocional — e não às habilidades técnicas ou cognitivas.

Além disso, um estudo conduzido pela TalentSmart com mais de um milhão de pessoas revelou que 90% dos profissionais com alta performance apresentam níveis elevados de inteligência emocional, enquanto apenas 20% dos profissionais com baixa performance demonstram essa competência desenvolvida.

Conclusão?

A inteligência emocional não é apenas um "plus" na liderança moderna. Ela é a base. Um líder que não reconhece e regula suas emoções dificilmente conseguirá sustentar uma equipe saudável, engajada e produtiva em longo prazo.

8.3 Como desenvolver inteligência emocional na prática da liderança

A inteligência emocional é treinável. E o melhor: não exige grandes ferramentas nem técnicas complexas — apenas disposição para observar, refletir e ajustar. Pequenas atitudes, feitas com constância, criam uma liderança mais consciente e eficaz.

A seguir, você encontra sugestões práticas para aplicar os cinco pilares da inteligência emocional no cotidiano da liderança.

1. **Crie pausas conscientes em seu dia**

   Reserve alguns minutos entre uma reunião e outra para se perguntar: "Como estou chegando a esta conversa?" ou "Qual impacto quero causar neste encontro?"

Esses momentos de autoconsciência contribuem para prevenir reações impulsivas e entrar em interações com mais intenção.

2. **Mantenha um diário emocional (mesmo que mental)**

No fim do dia, reflita:

- Em que momentos senti mais tensão ou desconforto?
- Como reagi?
- Que aprendizado tiro disso?

Escrever ou pensar conscientemente sobre suas emoções ajuda a reconhecer padrões e a desenvolver autogestão.

3. **Peça feedback sobre sua escuta e seu comportamento em momentos difíceis**

Um líder emocionalmente maduro pergunta, por exemplo: "Naquela conversa mais tensa, você sentiu que fui respeitoso e claro?"

Essa prática demonstra humildade, fortalece vínculos e acelera seu crescimento.

4. **Pratique a empatia ativa**

Em vez de tentar "resolver" de imediato o problema do outro, comece com perguntas empáticas:

- "O que está incomodando você?"
- "Quer desabafar ou prefere ajuda para resolver?"

Isso demonstra respeito pelo ritmo emocional do outro e reduz ruídos.

5. **Use o termômetro emocional em reuniões de equipe**

No início de encontros importantes, pergunte:

- "Se você fosse dar uma nota de 0 a 10 para seu nível de energia hoje, qual seria?" ou
- "Qual emoção resume sua semana?"

Isso contribui para criar espaço para o emocional ser validado — e não reprimido — no ambiente de trabalho.

6. **Desenvolva a escuta reflexiva**

   Ao ouvir um colaborador, tente resumir o que ele disse com frases como:

   - "O que eu estou entendendo é que você se sentiu pressionado quando isso aconteceu. É isso?"

   Essa escuta ativa diminui conflitos, aumenta a compreensão e demonstra respeito.

7. **Aplique inteligência emocional também com você**

   Não se cobre perfeição. Liderar com inteligência emocional é um caminho, não um destino. Seja gentil consigo mesmo, aprenda com os deslizes e valorize cada avanço.

8.4 Exercício de aplicação: um pilar por semana

Desenvolver inteligência emocional é como fortalecer um músculo: requer prática intencional e consistência. Por isso, o convite aqui não é para "resolver tudo de uma vez", mas para começar com um pequeno passo de cada vez.

Comece com uma autoavaliação nos pilares da mandala. Qual é sua nota em cada um deles?

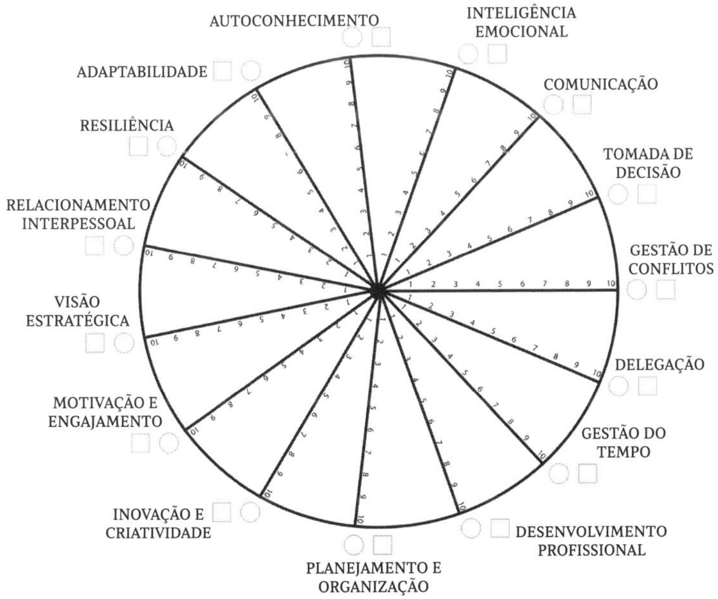

Escolha um pilar. Pode ser o que sente ser mais fácil para você — ou aquele que você mais precisa desenvolver no momento. Em seguida, responda com sinceridade:

- Como esse pilar se manifesta hoje em minha liderança?
- Em quais situações eu sinto mais dificuldade de colocá-lo em prática?
- Qual atitude concreta posso tomar ao longo da semana para exercitá-lo?

Exemplo:

1. Pilar escolhido: inteligência emocional
2. Situação desafiadora: quando recebo críticas em reuniões
3. Ação da semana: fazer pausas conscientes antes de responder e praticar respiração para manter a calma

Durante sete dias, observe sua postura, anote os aprendizados e, no fim da semana, faça uma autoavaliação:

1. O que funcionou?
2. O que posso ajustar?
3. Como me senti praticando esse novo comportamento?

No fim de cinco semanas, você terá trabalhado os cinco pilares com mais consciência — e, mais importante, terá construído uma nova base emocional para liderar com mais equilíbrio, empatia e potência.

Não existe liderança forte sem emoção bem conduzida. É na coragem de sentir, entender e escolher como agir que nasce a verdadeira autoridade.

CAPÍTULO 9 - FLEXIBILIDADE E MENTALIDADE DE CRESCIMENTO

Não é o mais forte que sobrevive, nem o mais inteligente, mas o que melhor se adapta às mudanças. (Charles Darwin)

9.1 Adaptar-se para crescer: a habilidade que diferencia líderes comuns de líderes preparados para o futuro

Vivemos em um mundo em que as mudanças não pedem licença. Elas simplesmente chegam. E, quando chegam, não perguntam se estamos prontos. Por isso, um dos maiores diferenciais dos líderes do presente (e do futuro) é a capacidade de se adaptar com flexibilidade e seguir aprendendo com mentalidade de crescimento.

Mais que reagir a contextos externos, líderes com essas competências conseguem ajustar estratégias, rever posturas, abrir mão de certezas antigas e crescer com as situações — em vez de enrijecer diante delas.

Este capítulo é um convite para você reconhecer como lida com o inesperado, com o erro, com o novo — e como essas respostas impactam sua maneira de liderar. Vamos explorar:

- O que é, de fato, flexibilidade cognitiva e emocional.
- A diferença entre mentalidade fixa e mentalidade de crescimento.
- Como cultivar uma postura de aprendizado contínuo na liderança.
- E o mais importante: como inspirar sua equipe a também fazê-lo.

9.2 O que é flexibilidade emocional e cognitiva na liderança?

Ser flexível não é ser passivo, inconstante ou indeciso. Muito pelo contrário. Na liderança, a flexibilidade é uma competência estratégica, que permite ajustar a rota sem perder o rumo — e tomar decisões firmes sem se apegar ao controle rígido das situações.

Flexibilidade emocional é a capacidade de lidar com sentimentos difíceis — frustração, ansiedade, insegurança — sem se paralisar ou explodir. Já a flexibilidade cognitiva é a habilidade de reformular ideias, aceitar novas perspectivas e encontrar soluções alternativas diante de mudanças ou desafios inesperados.

Essas duas dimensões caminham juntas. E quando bem desenvolvidas, tornam-se verdadeiros motores de resiliência e inovação.

Exemplo real: durante a pandemia, uma gestora de uma escola técnica precisou reformular completamente o cronograma de aulas práticas. Em vez de tentar replicar o presencial no digital — o que se mostrou inviável —, ela reuniu o corpo docente, escutou sugestões, testou novas dinâmicas e redesenhou o currículo com base no que era possível fazer com qualidade. O resultado? Engajamento elevado, alunos mais participativos e um novo modelo de ensino híbrido, que foi mantido mesmo após o retorno presencial.

O que isso mostra?

Que liderar com flexibilidade não é sobre ceder sempre — é sobre adaptar com inteligência, sem perder a essência. É saber quando manter o plano, quando ajustar a rota e quando abrir mão do que não serve mais.

Na prática, líderes flexíveis:

- Mantêm a calma em contextos de incerteza.
- Ouvem opiniões divergentes sem se sentir ameaçados.
- São abertos a testar novas abordagens, mesmo que não tenham todas as respostas.
- Reavaliam decisões à luz de novas informações — sem culpa, sem rigidez.

Esse é o primeiro passo para cultivar também a mentalidade de crescimento — que vamos abordar a seguir.

9.3 Mentalidade fixa *versus* Mentalidade de crescimento: o que diferencia líderes que evoluem?

No livro *Mindset: a nova psicologia do sucesso*, a pesquisadora e psicóloga Carol Dweck popularizou um conceito fundamental para o desenvolvimento pessoal e profissional: a distinção entre mentalidade fixa e mentalidade de crescimento. Pessoas com mentalidade fixa acreditam que suas capacidades são imutáveis. Elas evitam desafios, sentem-se ameaçadas por críticas e fracassos, e enxergam erros como sinais de incompetência. Já quem cultiva uma mentalidade de crescimento entende que habilidades podem ser desenvolvidas com esforço, aprendizado e persistência.

Exemplo prático: um líder com mentalidade fixa, ao receber um feedback negativo sobre sua comunicação, tende a se justificar ou ficar na defensiva: "Esse é meu jeito de falar, não posso mudar." Já um líder com mentalidade de crescimento diria: "Se minha comunicação não está funcionando para minha equipe, quero entender como posso melhorar." Esse segundo tipo de postura cria líderes mais abertos, curiosos e dispostos a aprender com os próprios erros — e é exatamente isso que o mundo atual exige.

Dweck destaca que a mentalidade de crescimento não está ligada ao otimismo ingênuo, mas à coragem de enfrentar o desconforto do processo de aprender e se desenvolver. E isso vale para quem lidera e para quem é liderado.

Na liderança, essa mentalidade se traduz em atitudes como:

- Buscar feedbacks reais e não apenas elogios.
- Reconhecer que o erro faz parte do caminho e não define seu valor.
- Estimular a equipe a tentar, mesmo sabendo que podem falhar.
- Celebrar o esforço, a superação e o progresso — e não apenas os resultados.

Quando o líder adota essa maneira de pensar, ele não apenas se torna mais resiliente mas também cria um ambiente psicologicamente seguro, em que o time sente permissão para testar, inovar e aprender. Um estudo publicado pela *Harvard Business Review* mostrou que líderes que cultivam a mentalidade de crescimento têm maior aceitação em momentos de mudança e promovem times mais engajados e inovadores (Spreitzer e Porath, 2014).

9.4 Comportamentos que revelam (ou não) uma mentalidade de crescimento na liderança

Não basta falar em mentalidade de crescimento — esta se expressa nos detalhes do dia a dia, nas palavras que usamos, nas reações diante do erro, nas decisões em momentos de incerteza. Liderar com mentalidade de crescimento é um exercício diário de consciência, abertura e coragem.

Veja alguns comportamentos que diferenciam um líder com mentalidade fixa de um líder com mentalidade de crescimento:

Situação	Mentalidade fixa	Mentalidade de crescimento
Ao receber um feedback	"Isso é exagero. Sempre fiz assim."	"Se isso impacta minha equipe, quero entender como melhorar."
Diante de um erro da equipe	"Por que fizeram isso errado?"	"O que podemos aprender com isso e como evitamos na próxima?"
Diante de um desafio novo	"Não sei se consigo. Melhor deixar para alguém mais experiente."	"Nunca fiz, mas vou aprender e dar o meu melhor."
Em avaliações de desempenho	Foco apenas no resultado: "Você bateu a meta ou não?"	Foco no processo: "O que você aprendeu? Como melhorou?"
Em treinamentos e mudanças	"Isso é perda de tempo. Já fazemos assim há anos."	"Quais ideias podemos aplicar aqui que ainda não tentamos?"

Autodiagnóstico rápido

Você se reconheceu mais em qual coluna? Que tal escolher uma dessas situações e começar a mudar a resposta a partir de agora?

Importante: todos nós oscilamos entre os dois tipos de mindset. O ponto é não se culpar por pensar de maneira rígida de vez em quando. O essencial é ter consciência, perceber o padrão e escolher uma resposta mais alinhada ao crescimento.

Como líder, você também influencia a mentalidade de seu time. Se você trata o erro como fracasso, sua equipe vai esconder problemas. Se você valoriza a jornada e celebra aprendizados, cria um ambiente mais criativo, autêntico e resiliente.

9.5 Como desenvolver flexibilidade e mentalidade de crescimento na liderança

Você não precisa "nascer flexível" ou "ser naturalmente resiliente" para liderar com abertura e mentalidade de crescimento. Como toda soft skill, essas habilidades podem — e devem — ser desenvolvidas com intenção e constância.

Aqui estão estratégias práticas que podem transformar seu estilo de liderança no dia a dia:

1. **Troque "isso não é para mim" por "como posso aprender isso?"**

   Desafie seus pensamentos automáticos. Toda vez que perceber resistência diante de algo novo, reformule a pergunta. Em vez de "eu não sou criativo", experimente "como posso estimular minha criatividade aos poucos?"

2. **Use o erro como ponte, não como parede**

   Sempre que algo não sair como o esperado, evite a busca por culpados. Use perguntas investigativas:

   - "O que essa situação está me ensinando?"
   - "O que podemos fazer diferente da próxima vez?"

3. **Seja um exemplo de aprendizado constante**

   Compartilhe com a equipe o que você está aprendendo, inclusive quando algo é difícil. Isso mostra que o líder também está em desenvolvimento e reforça uma cultura de transparência.

4. **Crie espaços de aprendizado na rotina**

   Não espere grandes treinamentos. Comece por pequenas práticas:

   - Rodas de feedback mensais.
   - Conversas de troca de aprendizados pós-projeto.
   - Leitura de um artigo em grupo e discussão breve sobre aplicação prática.

5. **Celebre o progresso, não só os resultados**

   Reconheça quando alguém sai da zona de conforto, arrisca algo novo ou supera um padrão anterior. Isso estimula a confiança e reforça a mentalidade de que "aprender vale mais que acertar sempre".

6. **Desenvolva escuta genuína em momentos de mudança**

   Ser flexível também é ouvir antes de decidir. Sempre que houver resistência da equipe a algo novo, pergunte:

   - "O que mais preocupa você nisso?"
   - "O que precisa acontecer para que isso faça mais sentido para você?"

7. **Use frases que promovem mentalidade de crescimento**

   Adapte sua linguagem. Aqui vão alguns exemplos que fazem diferença:

   - "Você ainda não dominou isso — e tudo bem. Estamos aqui para aprender."
   - "Esse desafio vai nos ensinar muito."
   - "Vamos errar rápido para ajustar e melhorar."
   - "O progresso é mais importante que a perfeição."

8. **Seja grato — pratique a gratidão com intenção e emoção**

   A flexibilidade não nasce apenas da mente aberta, mas também do coração presente. A gratidão é uma ferramenta poderosa de mudança de mindset porque nos convida a focar o que está funcionando, mesmo em meio aos desafios.

   Comece com pequenos gestos:

   - Reconheça o esforço da equipe no fim de um dia difícil.
   - Agradeça a si mesmo por não ter desistido em um momento tenso.
   - Valorize o aprendizado que veio de uma situação desconfortável.

   Mais que uma formalidade, a gratidão precisa vir com sentimento — com presença. Quando genuína, ela nos conecta com o que há de valioso na experiência, nos outros e em nós mesmos.

Frase prática para adotar:

"Hoje foi difícil, mas teve algo que valeu a pena. O que foi?"

9.6 Exercício prático de desenvolvimento

1. Pense em uma situação recente em que você agiu com rigidez (emocional ou de pensamento).
2. O que poderia ter sido diferente se você estivesse mais aberto ao processo?
3. Escolha um comportamento para treinar na próxima semana — seja reformular uma crença, aceitar uma sugestão ou revisar uma decisão.

***

Ao longo deste capítulo, vimos que o verdadeiro líder não é aquele que já sabe tudo — mas aquele que segue aprendendo, mesmo quando o cenário muda, quando os planos falham ou quando a resposta ainda não está clara. A flexibilidade não é sinal de fraqueza, e sim de inteligência prática. É o que permite reavaliar o caminho sem perder o rumo. E quando ela se soma à mentalidade de crescimento, cria um estilo de liderança mais leve, mais aberto e, sobretudo, mais preparado para lidar com o novo.

> A mente que se abre a uma nova ideia jamais voltará ao seu tamanho original.
>
> (Albert Einstein)

Líderes que desenvolvem essas competências constroem equipes mais resilientes, criativas e comprometidas. Porque dão o exemplo de que errar faz parte, mudar é possível — e crescer é uma escolha contínua. E por falar em crescimento, há algo que inevitavelmente aparece nesse processo: o conflito. Ele faz parte da convivência, do trabalho em equipe, das trocas e até do próprio aprendizado. Mas quando bem conduzido, pode se transformar em um acelerador de maturidade, confiança e inovação.

No próximo capítulo, vamos explorar como lidar com os conflitos de maneira construtiva — e como o feedback 360° pode se tornar uma ferramenta poderosa para fortalecer a comunicação, o alinhamento e o desenvolvimento mútuo dentro das equipes. Porque liderar é também saber escutar, ajustar e crescer com os outros.

CAPÍTULO 10 - GESTÃO DE CONFLITOS E FEEDBACK 360°: O PAPEL DO LÍDER NAS CONVERSAS DIFÍCEIS

Conflito bem conduzido não quebra uma equipe — fortalece.

Todo líder, mais cedo ou mais tarde, vai se deparar com conversas difíceis, tensões entre membros da equipe, desalinhamentos de expectativas ou resistências silenciosas. Conflitos são parte natural da convivência humana — especialmente em ambientes que envolvem pressão por resultados, diversidade de perfis e constante adaptação. Mas aqui está a chave: o problema não é o conflito em si — é o que fazemos com ele.

Líderes que ignoram conflitos ou evitam confrontos, acreditando que isso manterá a harmonia, acabam alimentando o ressentimento, os mal-entendidos e o desgaste emocional. Por outro lado, líderes que encaram o conflito como oportunidade de crescimento criam ambientes mais maduros, transparentes e colaborativos. E para que isso ocorra, é necessário desenvolver uma habilidade essencial: a comunicação corajosa e estruturada — aquela que sabe equilibrar firmeza com empatia, escuta com posicionamento, e verdade com respeito.

Neste capítulo, vamos abordar:

- Por que o conflito não é o vilão — e sim uma chance de alinhamento e crescimento.
- Como a liderança pode mediar, prevenir e transformar conflitos com inteligência relacional.
- O papel do feedback 360° como ferramenta de crescimento individual e coletivo.
- E estratégias práticas para que o líder aprenda a dizer o que deve ser dito — sem ferir, mas sem se omitir.

Se o capítulo anterior tratou de crescimento individual, aqui o foco é crescimento nas relações. Porque ninguém lidera sozinho — e saber lidar com as tensões do convívio é o que separa líderes que comandam de líderes que constroem.

10.1 Compreendendo o conflito: por que ele surge e o que revela sobre a equipe

Conflitos são como sinais de alerta no painel de um carro: podem indicar algo pontual, mas também revelar questões mais profundas no sistema. Negá-los não os apaga — apenas nos impede de agir com consciência.

No ambiente de trabalho, o conflito geralmente surge de três fontes principais:

1. Falta de alinhamento nas expectativas — quando o que foi pedido, entendido e executado não estão na mesma sintonia.
2. Diferenças de valores e estilos — o que um considera prioridade, o outro pode ver como irrelevante.
3. Problemas de comunicação — ruídos, suposições, omissões e julgamentos precipitados.

Mais que suas causas, porém, o conflito revela algo essencial sobre a maturidade emocional de uma equipe: como lidamos com o desconforto?

Exemplo real: em uma consultoria com uma equipe de coordenação pedagógica, um conflito recorrente envolvia atrasos frequentes de uma colaboradora em reuniões. O incômodo era evidente, mas ninguém falava abertamente. Quando a gestora finalmente trouxe o assunto de maneira respeitosa, descobriu-se que a profissional enfrentava sobrecarga de demandas e não sabia como pedir ajuda. O conflito, antes visto como um "problema de comportamento", revelou um problema de gestão de tarefas. A conversa evitada, quando finalmente ocorreu, trouxe clareza e solução.

Lição: conflitos malconduzidos desgastam. Conflitos bem conduzidos amadurecem a equipe.

A presença de conflitos não indica, necessariamente, disfunção. Na verdade, equipes que evitam todo tipo de conflito muitas vezes escondem tensões sob uma falsa harmonia. Isso gera acúmulo de frustrações e decisões pouco alinhadas.

Líderes eficazes não esperam o conflito explodir para agir. Eles criam espaços de diálogo contínuo e desenvolvem a escuta para captar os sinais sutis de desalinhamento — antes que virem rupturas.

10.2 Como liderar em momentos de tensão: habilidades-chave para mediar e transformar conflitos

Liderar em meio ao conflito exige mais que técnica: exige presença emocional, coragem e consciência de impacto. É nesse tipo de situação que o verdadeiro estilo de liderança se revela — e o vínculo com a equipe pode se fortalecer ou se romper.

Veja as habilidades fundamentais que um líder deve desenvolver para mediar conflitos com maturidade:

1. **Escuta ativa e sem julgamento**

   Quando um conflito chega até você, seu primeiro papel não é resolver — é ouvir para compreender, não para responder.

   Demonstre interesse genuíno, use perguntas abertas e resista ao impulso de assumir lados antes de entender o todo.

   Exemplo:

   "Me ajuda a entender o que está acontecendo de seu ponto de vista?"

   "Como você se sentiu nessa situação?"

2. **Neutralidade respeitosa**

   Mesmo que você tenha proximidade com uma das partes, o papel do líder é não favorecer ninguém injustamente.

   A imparcialidade transmite confiança e mostra que o objetivo é resolver, não reforçar disputas.

3. **Clareza nas expectativas**

   Conflitos muitas vezes se perpetuam por falta de alinhamento sobre papéis, entregas ou comportamentos esperados.

   Ser claro — e ao mesmo tempo respeitoso — ao reposicionar esses acordos é parte essencial da liderança.

Diga algo como:

- "A partir de agora, vamos combinar que esse tipo de decisão precisa ser compartilhada com antecedência."
- "Para que o trabalho flua melhor, o prazo precisa ser cumprido. Como podemos garantir isso juntos?"

4. **Comunicação não violenta (CNV)**

   Inspirada no trabalho de Marshall Rosenberg, a CNV ensina a separar o julgamento da observação e a expressar necessidades de maneira clara, sem acusar.

   Quatro passos da CNV na prática:

   1. **Observação:** "Notei que nos últimos três projetos houve atraso na entrega dos dados."
   2. **Sentimento:** "Fiquei preocupada, porque isso impactou o cronograma de toda a equipe."
   3. **Necessidade:** "Preciso de mais previsibilidade nas entregas para planejar os próximos passos."
   4. **Pedido:** "Você poderia me avisar com antecedência se perceber que o prazo está em risco?"

5. **Reconhecer emoções e validá-las**

   Nem todo conflito precisa de uma solução imediata. Às vezes, o que a pessoa precisa é se sentir ouvida e reconhecida.

   Frases que desarmam tensões:

   - "Imagino como isso deve ter sido frustrante para você."
   - "Obrigado por me contar isso. Vamos pensar juntos no que pode ser feito."

Use perguntas poderosas de sabedoria (PPS), que são questionamentos que estimulam reflexão, promovem consciência e trazem clareza. Elas têm o poder de romper bloqueios emocionais, como vitimização ou murmuração, e conduzir a soluções construtivas. Evite perguntas que comecem com "por que", pois podem levar a justificativas. Opte por "o que", "como", "onde", "para que" e "quem" para obter respostas mais construtivas.

Importante: liderar em momentos de tensão não é "apagar incêndio" — é aproveitar o calor do momento para iluminar o que deve ser transformado.

10.3 Feedback 360°: o que é, por que aplicar e como fazer isso de maneira humanizada e estratégica

Se o conflito revela o que não está dito, o feedback é o caminho para trazer isso à luz — com respeito, intenção de melhoria e compromisso com o crescimento mútuo.

O feedback 360° é uma prática cada vez mais valorizada em ambientes colaborativos e inovadores. Ele consiste em uma avaliação que não vem apenas do líder direto, mas de várias fontes: pares, liderados, líderes de outras áreas e até clientes internos.

O objetivo?

Trazer uma visão mais completa, realista e justa sobre o comportamento e o impacto de uma pessoa em diferentes contextos.

Por que 360°?

Porque amplia o olhar. Em vez de depender de apenas uma lente (do gestor direto), permite que o profissional receba percepções variadas sobre como atua, se comunica, lidera, colabora, escuta e entrega resultados.

Benefícios do feedback 360°

- Amplia a autoconsciência: o profissional entende melhor como está sendo percebido — não apenas como acredita que está agindo.
- Cria oportunidades de crescimento mais ricas e assertivas.
- Fortalece a cultura de transparência e confiança.
- Diminui a centralização da autoridade e valoriza a inteligência coletiva.
- Previne conflitos silenciosos ao trazer conversas necessárias à tona.

Exemplo real: em uma empresa de tecnologia, o RH aplicou uma rodada de feedback 360° com supervisores de projetos. Um deles, bastante respeitado tecnicamente, descobriu que sua equipe o percebia como inacessível. Ele acreditava estar "dando autonomia", mas os colaboradores sentiam distância e ausência de apoio. Esse dado não surgiu de apenas uma avaliação — mas do conjunto de vozes. Com base nisso, o líder ajustou sua rotina de acompanhamento, marcou check-ins semanais e passou a se comunicar com mais proximidade. Resultado? Clima melhor, mais confiança e entregas mais coesas.

Como implementar o feedback 360º de maneira humanizada?

1. Crie um ambiente de segurança psicológica antes de aplicar.

   Feedbacks honestos surgem apenas quando as pessoas sentem que podem falar sem sofrer retaliações.

   Dica: reforce que o processo tem foco em crescimento, não em punição.

2. Treine todos os envolvidos sobre como dar e receber feedback.

   Nem todo mundo sabe como fazer isso com respeito e objetividade. Uma comunicação agressiva ou evasiva compromete todo o processo.

   Dica: use modelos como o DESC ou a comunicação não violenta (CNV) para treinar o time.

3. Garanta anonimato quando necessário.

   Em algumas empresas, o anonimato contribui para gerar mais sinceridade nas respostas. Em outras, opta-se por um modelo aberto. Avalie a cultura da equipe e escolha o mais adequado.

4. Use ferramentas simples e objetivas.

   Evite formulários excessivamente longos ou genéricos. Foque comportamentos observáveis e critérios relevantes para o contexto.

5. Não basta aplicar — é necessário devolver com cuidado e orientar o desenvolvimento.

   A devolutiva do feedback é um momento crucial. Ela deve ser feita de maneira estruturada, acolhedora e com um plano de ação possível.

Exemplo de abordagem em devolutiva: "Essa percepção apareceu com frequência entre os seus colegas. Como você se sente ouvindo isso? Há algo que você gostaria de ajustar com base nessa visão?"

Dica complementar: durante o feedback, foque fatos observáveis — o que foi feito ou dito —, e não julgamentos sobre a identidade da pessoa. Em vez de usar rótulos como "você é irresponsável", prefira: "quando o relatório não foi entregue no prazo, me senti sobrecarregado e inseguro quanto ao andamento do projeto."

Essa abordagem diminui resistências, evita que o outro se sinta atacado e abre espaço para uma conversa construtiva. Falar sobre o impacto da ação e sobre como você se sentiu, em vez de acusar, é um sinal de maturidade emocional e respeito mútuo.

Gestão de conflitos e feedback 360º

Liderar é lidar com pessoas. E onde há pessoas, há diferenças. O que define um líder maduro não é a ausência de conflitos, mas a maneira como ele os enfrenta: com escuta, clareza, firmeza e humanidade.

Conflitos evitados não desaparecem — apenas se aprofundam em silêncio. Mas conflitos bem mediados geram crescimento, alinham expectativas e fortalecem vínculos. A boa liderança não se omite diante do desconforto: ela o transforma em diálogo, aprendizado e reconstrução de relações mais saudáveis.

O feedback, nesse contexto, é um dos instrumentos mais poderosos. E quando vem de várias direções — como no feedback 360º —, ele não apenas orienta o crescimento individual mas também fortalece a cultura de confiança e transparência.

A boa notícia?

Tudo isso pode ser aprendido, treinado e aprimorado. Quanto mais você exercita a escuta empática, o posicionamento claro e a disposição de receber (e oferecer) devolutivas com respeito, mais forte se torna sua capacidade de liderar com coragem e maturidade emocional.

Depois de mergulharmos nos pilares da liderança humanizada e nos aceleradores de performance, é hora de olhar para o futuro. Na Parte IV, vamos falar sobre o próximo nível de sua jornada como líder: como fortalecer sua marca pessoal, cultivar uma cultura de confiança, preparar sua equipe para o amanhã e alinhar sua liderança aos movimentos que estão moldando o mundo do trabalho.

Porque liderar não é apenas sobre fazer agora — é sobre construir legado. E o futuro começa com o que você escolhe aprender, comunicar e inspirar hoje.

10.4 Exercício prático de integração

Reserve 10 minutos para esse momento com você mesmo:

1. Qual foi o último conflito que você evitou ou empurrou com a barriga?
    - O que impediu você de falar sobre isso?
    - Como você se sentiu com essa omissão?
    - Quais foram os resultados com essa atitude?
    - Quais outras possibilidades você teria?
2. E o último feedback que você recebeu?
    - Como você reagiu: ouviu com abertura ou se defendeu?
    - Qual aprendizado tirou dessa experiência?
3. Por fim, pense em uma pessoa de sua equipe que precisa de um feedback construtivo.
    - Qual seria a mensagem mais importante a ser dita?
    - Como você pode estruturar essa conversa de maneira respeitosa e assertiva?
    - Comprometa-se a ter essa conversa nos 7 dias seguintes.

PARTE IV

CARREIRA, MARCA PESSOAL E TENDÊNCIAS

A liderança que constrói futuro começa com escolhas que cultivam confiança hoje.

Depois de fortalecer as bases da liderança humanizada e explorar os principais aceleradores de performance, entramos agora em uma nova camada da jornada: a consolidação de seu posicionamento como líder — e da cultura que você deixa como marca no ambiente em que atua.

Esta parte do livro vai ampliar seu olhar. Não mais apenas para como você age, comunica-se ou inspira sua equipe, mas para o legado que você constrói com base nessas ações.

Aqui, vamos refletir sobre:

- A importância da confiança e da segurança psicológica como solo fértil para a inovação e o pertencimento.
- Como fortalecer sua marca pessoal como líder humanizado e estratégico.
- E como se preparar para o futuro da liderança, em um mundo onde inteligência emocional, soft skills e adaptabilidade serão mais valorizados que cargos ou currículos brilhantes.

Liderar o agora é essencial. Mas liderar com consciência de futuro é o que vai diferenciar líderes de impacto daqueles que apenas ocupam cargos.

Vamos começar por um ponto inegociável em qualquer equipe de alta performance: a cultura de confiança.

CAPÍTULO 11 - CULTURA DE CONFIANÇA E SEGURANÇA PSICOLÓGICA

Sem confiança, não há colaboração — e sem segurança, não há coragem para inovar.

O desempenho de uma equipe não depende apenas de talentos individuais, metas bem definidas ou boas ferramentas de trabalho. Tudo isso importa — mas se não houver confiança, nada sustenta.

E confiança não se compra, não se exige, nem se constrói em discursos vazios. Confiança se cultiva. Na escuta. No acolhimento. Na coerência entre o que o líder diz e o que ele faz.

Mais que nunca, empresas e líderes devem entender que ambientes onde as pessoas têm medo de errar, de falar ou de discordar são ambientes em que a criatividade morre — e a performance, mais cedo ou mais tarde, também.

Foi isto que o projeto Aristotle, do Google, confirmou em um estudo com mais de 180 equipes: o fator mais determinante para a alta performance não era o nível técnico nem a inteligência individual — mas a presença de segurança psicológica.

De acordo com o relatório, equipes com segurança psicológica apresentam:

- 76% mais engajamento.
- 50% mais produtividade.
- 27% mais disposição para assumir riscos criativos.

O que é segurança psicológica?

É a sensação de que você pode ser você mesmo no trabalho — sem medo de retaliação, julgamento ou exposição.

Em uma equipe com segurança psicológica:

- As pessoas se sentem à vontade para levantar a mão e dizer: "Não entendi" ou "Eu errei".
- Há espaço para discordar de maneira respeitosa.

- O erro vira aprendizado, e não motivo de vergonha.
- A vulnerabilidade do líder inspira, em vez de afastar.

Essa cultura de confiança não nasce sozinha. Ela é ativada — ou sufocada — pelas atitudes do líder.

11.1 Como o líder ativa (ou bloqueia) a segurança psicológica na prática

A segurança psicológica não é um benefício institucional — é uma experiência cotidiana. E quem mais impacta essa experiência é o líder.

O comportamento do líder comunica, mesmo quando ele não diz nada. Um olhar reprovador, uma interrupção constante, a falta de acolhimento a uma ideia fora do padrão: tudo isso sinaliza ao time o que "pode" ou "não pode" ser dito ou feito.

Por isso, líderes que desejam cultivar uma cultura de confiança precisam desenvolver microcomportamentos consistentes, como:

1. **Valorizar a vulnerabilidade**

   Líderes que admitem não saber tudo, que compartilham aprendizados e reconhecem falhas humanizam a liderança. Isso cria espaço para que outros também o façam.

   Exemplo prático: "Esse resultado não saiu como eu esperava. Vamos entender juntos o que podemos melhorar?"

2. **Estimular a voz ativa da equipe**

   Incentivar diferentes pontos de vista, fazer perguntas abertas e demonstrar interesse real pelas opiniões fortalece o senso de pertencimento.

   Diga mais:

   - "O que você pensa sobre isso?"
   - "Você tem alguma sugestão diferente da que estamos considerando?"

3. **Não punir o erro com julgamento**

   Se, ao primeiro deslize, o líder responde com ironia, crítica pública ou punição desproporcional, o time aprende a se calar e a esconder o erro.

   Em vez de: "Você errou de novo nesse ponto?"

   Tente: "O que dificultou a entrega dessa vez? Como posso apoiar você melhor?"

4. **Demonstrar escuta genuína**

   Escutar de verdade é mais que ouvir. É prestar atenção com presença, sem interromper, sem rebater — e com disposição para considerar o que foi dito.

   Um líder que escuta com qualidade ensina sua equipe que vale a pena falar.

5. **Ações coerentes com a fala**

   Nada mina mais a confiança que um discurso bonito com atitudes inconsistentes. Se o líder diz "estou aberto a sugestões", mas nunca muda de ideia, a equipe aprende que a fala é protocolo, não prática.

   Segurança psicológica se constrói na coerência entre o que o líder promete e o que ele entrega — relacional e emocionalmente.

11.2 Benefícios concretos de uma cultura de confiança para o time e para os resultados

Construir segurança psicológica em uma equipe não é apenas um gesto de gentileza. Trata-se de uma escolha estratégica, que impacta diretamente os resultados, o bem-estar coletivo e a capacidade de inovação. Ambientes onde a confiança é cultivada com intencionalidade colhem benefícios mensuráveis e consistentes.

Em primeiro lugar, equipes que se sentem seguras tendem a apresentar níveis muito mais altos de inovação e criatividade. Quando o medo de errar é substituído por abertura ao aprendizado, o time se sente mais confortável para propor ideias, fazer perguntas e explorar soluções fora do padrão. Em vez de paralisar diante do risco, as pessoas se sentem encorajadas a testar e a se desenvolver. Um levantamento publicado pela *Harvard Business Review* em 2017 revelou que empresas com culturas organizacionais de alta confiança apresentam até 50% mais propensão à inovação e 76% mais engajamento entre os funcionários.

Além disso, uma cultura de confiança favorece a resolução madura de conflitos. Onde existe segurança, o conflito não se torna tabu nem vira confronto destrutivo. Ele é tratado com transparência e escuta, e transformado em um motor de alinhamento e crescimento relacional. Os feedbacks deixam de ser evitados e passam a ser vistos como ferramentas de melhoria — tanto para quem dá quanto para quem recebe.

Outro efeito direto é o aumento da colaboração entre os membros da equipe. Em ambientes de alta confiança, o conhecimento é compartilhado com mais fluidez, as pessoas se sentem à vontade para pedir ajuda e o espírito de "nós" substitui a competição silenciosa. Isso diminui silos, fortalece o senso de interdependência e melhora o desempenho coletivo.

A comunicação também se torna mais clara e assertiva. Quando o colaborador sente que pode dizer "não entendi" ou "preciso de ajuda" sem ser julgado, o risco de agir por suposição cai drasticamente. Isso significa menos retrabalho, menos ruídos e mais agilidade na execução.

Por fim, uma cultura de confiança protege a saúde emocional da equipe. Pessoas que trabalham em ambientes seguros apresentam menor índice de estresse crônico, absenteísmo e rotatividade. Elas sentem que podem ser quem são, expressar o que pensam e pedir apoio quando necessário. E esse sentimento de pertencimento é um dos pilares mais poderosos da retenção e do engajamento duradouro.

Portanto, mais que um conceito moderno de gestão, a segurança psicológica é um diferencial estratégico. Ela não apenas torna o trabalho mais humano como também torna os resultados mais sustentáveis.

11.3 Como o líder pode construir (ou reconstruir) uma cultura de confiança

Construir confiança não exige ações grandiosas. Na maioria das vezes, são os pequenos gestos consistentes que têm maior impacto: uma escuta atenta, um agradecimento sincero, um posicionamento firme e respeitoso. O líder que deseja cultivar segurança psicológica deve entender que confiança não nasce do discurso — nasce do comportamento.

O primeiro passo é assumir a responsabilidade de ser exemplo. Se você, como líder, pede que sua equipe fale com transparência, mas reage mal a críticas, interrompe constantemente ou pune quem aponta falhas, sua conduta anula a intenção. A coerência entre fala e prática é o alicerce da confiança.

Outra ação essencial é abrir espaço real para a escuta. Em vez de reuniões dominadas por monólogos ou decisões unilaterais, promova encontros com espaço para perguntas, divergências e sugestões. Perguntar "como posso apoiar você melhor?" ou "o que você gostaria que eu ouvisse com mais atenção?" são formas simples de ativar a escuta relacional.

Dar feedback com regularidade e humanidade também é decisivo. O feedback é uma ferramenta de alinhamento e desenvolvimento, mas funciona apenas quando existe uma base de respeito e cuidado. O segredo não está somente no conteúdo da mensagem, mas como ela é entregue: com empatia, objetividade e intenção genuína de contribuir com o outro.

Reconhecer vulnerabilidades é outro passo transformador. Muitos líderes acreditam que demonstrar insegurança ou não ter todas as respostas é um sinal de fraqueza. Na verdade, é o oposto. Quando o líder diz "eu errei", "não sei, mas vou descobrir" ou "também estou aprendendo", ele cria um espaço onde os outros também se sentem livres para ser autênticos e crescer.

Por fim, é importante lembrar que a cultura de confiança é construída no tempo e exige paciência. Confiança não se impõe nem se exige. Ela se conquista, conversa após conversa, decisão após decisão.

Esse processo exige, acima de tudo, coragem. Coragem para abandonar velhos padrões e abrir espaço para uma nova maneira de liderar — mais consciente, mais relacional, mais coerente.

Durante um dos treinamentos que conduzi com um grupo de gestores, ao explicar como oferecer feedbacks de maneira empática e humanizada, um diretor pediu a palavra. Diante de toda a equipe, ele disse: "Professora, eu quero dizer que HOJE é que estou aprendendo a dar feedback. Até então, eu nunca tinha feito desse modo. Sempre foi apontando, cobrando."

Esse foi um dos momentos mais marcantes do encontro. Não apenas pela honestidade da fala, mas pela transformação que ela gerou ali. Reconhecer publicamente uma falha, diante do próprio time, é um gesto de força — não de fraqueza. Ao fazer isso, aquele diretor não só demonstrou vulnerabilidade com maturidade como também ativou algo profundo no grupo: a permissão para que todos crescessem juntos.

Esse tipo de postura inspira, aproxima e reforça exatamente o que sustenta uma cultura de confiança: coerência, humildade e exemplo.

11.4 Convite à prática

Você pode começar agora. Não é necessário esperar um grande projeto de cultura organizacional ou uma rodada de pesquisa de clima. A transformação começa com o modo como você responde a um erro da equipe, com a maneira como recebe um pedido de ajuda ou com a escuta que você oferece quando alguém expressa um incômodo.

Experimente, durante a semana, escolher um gesto de confiança para praticar de maneira intencional. Pode ser uma escuta mais presente, um elogio específico, uma conversa difícil iniciada com empatia. Depois, observe o impacto. A confiança não se constrói com apenas uma ação, mas ela começa em uma escolha.

No próximo capítulo, vamos falar sobre você. Sobre sua marca como líder, sobre como o jeito de se posicionar e se comunicar determina não apenas como você é visto mas também como inspira, direciona e constrói seu legado. Porque liderar é também deixar um rastro — e esse rastro começa na maneira como você escolhe se apresentar ao mundo.

CAPÍTULO 12 - A MARCA PESSOAL DO LÍDER HUMANIZADO

> Sua marca não é o que você diz que é. É o que as pessoas sentem quando você entra e quando você vai embora.

Todo líder carrega uma marca. Mesmo sem perceber, todos deixamos impressões, transmitimos mensagens e despertamos sensações em quem está ao nosso redor. Essa marca pessoal não se resume a um logotipo ou à presença nas redes sociais. Ela é a soma de nossas atitudes, da maneira como tratamos as pessoas, das decisões que tomamos (ou evitamos tomar) e, principalmente, da coerência entre o que dizemos e o que fazemos.

A marca de um líder é percebida nos bastidores, não apenas no palco. Ela aparece quando um colaborador necessita de apoio, quando há um erro a ser corrigido, quando um cliente reclama ou quando o time precisa escolher entre a pressa e o cuidado. A liderança não se mede apenas pelos resultados mas também pelo impacto humano que deixa no processo.

Neste capítulo, vamos refletir sobre como fortalecer uma marca pessoal autêntica, estratégica e alinhada aos princípios da liderança humanizada. Você vai descobrir:

- Por que marca pessoal não é autopromoção — é clareza de presença.
- Quais pilares sustentam a marca de um líder íntegro e admirado.
- Como alinhar sua comunicação, atitudes e decisões ao legado que deseja deixar.
- E, por fim, como tornar-se uma referência não por imposição, mas por inspiração.

Porque um líder não é apenas um gerente de tarefas ou um executor de planos. Um líder é alguém que deixa um rastro — e que deve escolher, todos os dias, qual marca deseja deixar no mundo.

12.1 O que é e por que todo líder deve cuidar da própria marca pessoal

Marca pessoal é o conjunto de percepções, valores, sensações e associações que seu nome desperta nas pessoas. Ela não é construída apenas no LinkedIn ou em um crachá corporativo — mas, principalmente, na maneira como você se posiciona, como reage sob pressão, como se comunica e como inspira os outros a se desenvolverem.

Para líderes humanizados, cuidar da marca pessoal não é vaidade: é coerência entre identidade e influência. É entender que seu exemplo comunica mais que suas palavras — e que sua presença pode tanto ampliar a potência da equipe quanto restringi-la, dependendo do tipo de impressão que você deixa.

Essa marca não se cria de fora para dentro. Ela nasce de três forças internas: os 3 Ps Poderosos que sustentam o líder cujo desejo é ser inspiração, não imposição.

1. **Propósito: por que você faz o que faz**

   O propósito é o eixo que alinha decisões, comportamentos e atitudes. Quando um líder tem clareza de propósito, sua marca pessoal transmite direção. É o que impede que ele se torne apenas mais um replicador de ordens. Líderes com propósito inspiram porque suas ações têm sentido — e esse sentido contagia.

2. **Posicionamento: o que você comunica ao mundo, com ou sem palavras**

   Seu posicionamento é o reflexo do que você acredita, defende e pratica. Ele aparece na firmeza com que sustenta valores, na maneira como conduz conversas difíceis e na postura diante de dilemas éticos. Mas o posicionamento também se expressa nas entrelinhas: no tom de voz, na escuta, nos gestos e — sim — na maneira como você se apresenta visualmente. A vestimenta, por exemplo, é uma extensão silenciosa de sua comunicação. Não se trata de usar marcas caras, mas de transmitir coerência com o ambiente, com o papel que você ocupa e com a mensagem que deseja passar.

   Vestir-se de maneira adequada é um tipo de respeito: ao contexto, à cultura da empresa e às pessoas com quem você interage. Em ambientes mais formais, isso pode significar escolhas mais sóbrias. Em ambientes criativos, pode ser a liberdade bem dosada de refletir autenticidade. O importante é que sua aparência reforce — e não contradiga — a imagem que você deseja construir como líder.

   Um bom posicionamento não precisa ser barulhento, mas precisa ser claro. Quando o time sabe onde você está — e no que acredita —, sente segurança para se posicionar também.

3. **Protagonismo: o quanto você assume responsabilidade pela própria liderança**

   Ser protagonista é sair do modo reativo e assumir a própria construção. É parar de esperar aprovação externa para agir com autenticidade. É entender que, se você não desenha sua marca com intenção, alguém a desenhará por você.

   Líderes protagonistas não terceirizam sua imagem — eles sustentam sua identidade com integridade.

Esses três pilares — propósito, posicionamento e protagonismo — são os alicerces da marca pessoal de líderes que deixam legado. Eles são percebidos mesmo quando o líder não está presente. Porque a verdadeira marca não está no crachá: está no modo como as pessoas falam de você quando você não está na sala.

12.2 Erros comuns na construção da marca pessoal de um líder e como evitá-los com autenticidade e estratégia

Muitos líderes constroem a marca pessoal sem intenção, apenas pela repetição de comportamentos automáticos, por influência do ambiente ou por medo de parecerem "vulneráveis demais". Mas quando isso acontece, correm o risco de criar uma imagem desalinhada com a própria essência — e isso ocasiona ruído, desconfiança e desgaste nas relações.

Aqui estão alguns erros frequentes que comprometem a percepção sobre a marca pessoal de um líder — e o que pode ser feito para evitá-los com autenticidade e estratégia:

1. **Ser técnico, mas invisível**

   Alguns líderes têm excelente domínio técnico, entregam resultados consistentes, mas não são percebidos como referência — porque não comunicam sua visão, seus valores ou seu diferencial. O erro aqui não está na competência, mas na omissão. Liderança não é apenas sobre o que você entrega mas também sobre o que você representa para os outros.

   Sua trajetória é seu diferencial. Cada acerto, cada erro e cada aprendizado vivido ao longo do caminho compõem uma história única — e são justamente essas experiências que dão autenticidade à sua marca pessoal.

   Como corrigir: comece a compartilhar com mais clareza o porquê de suas decisões. Explique valores, não apenas tarefas. Mostre, com naturalidade, em que você acredita. Ao integrar sua história e seus aprendizados a como lidera, você inspira por quem é — não apenas pelo que faz.

2. **Tentar agradar a todos o tempo todo**

   Quando um líder não quer desagradar ninguém, acaba se tornando neutro — e, com o tempo, irrelevante. A ausência de posicionamento causa insegurança no time.

   Como corrigir: pratique posicionamentos claros com respeito. Dizer "não sei" ou "essa decisão é difícil, mas necessária" com transparência gera mais admiração que parecer sempre impecável.

3. **Construir uma imagem que não se sustenta na prática**

   Uma marca pessoal forte é aquela em que as pessoas reconhecem no líder o que ele mesmo declara ser. Quando há desconexão entre discurso e atitude, a credibilidade se perde.

   Como corrigir: faça um "check-in de coerência". O que você fala nas reuniões está alinhado ao que você demonstra no dia a dia? Como suas ações reforçam — ou contradizem — sua narrativa?

4. **Negligenciar o impacto emocional que causa no time**

   Mesmo os líderes bem-intencionados podem deixar marcas negativas quando agem com pressa, frieza ou ironia. Marca pessoal também é construída nos momentos de tensão, não apenas nas conquistas.

   Como corrigir: peça feedback. Pergunte: "Como você tem me percebido como líder?" ou "Existe algo que eu possa ajustar em minha maneira de conduzir?" Escute sem se justificar. Aprender com base na percepção dos outros é um dos maiores sinais de maturidade.

5. **Copiar modelos externos de liderança sem se conectar com a própria identidade**

   Inspirar-se em bons exemplos é ótimo. Mas copiar um estilo que não combina com seu jeito de ser leva à artificialidade — e as pessoas percebem isso. Quando o líder tenta se encaixar em um molde que não reflete sua essência, perde força, espontaneidade e presença.

   Como corrigir: descubra seu jeito de liderar. Invista em autoconhecimento para reconhecer seus pontos fortes naturais, entender suas vulnerabilidades e agir com mais intenção. Quais valores são inegociáveis para você? O que move você? Uma marca pessoal forte nasce da verdade — não da tentativa de emular outros, mas da coragem de liderar com autenticidade.

Construir uma marca pessoal sólida não é sobre "criar uma persona profissional". É sobre alinhar imagem e essência. É assumir, com coragem, quem você é — e refinar, com intenção, quem você está se tornando.

12.3 Como fortalecer sua marca pessoal por meio dos 3 Ps com ações práticas e consistentes

A construção da marca pessoal do líder não ocorre do dia para a noite. Ela é o resultado da repetição de atitudes alinhadas com quem você é e com a imagem que deseja projetar. E, como vimos, os 3 Ps Poderosos — propósito, posicionamento e protagonismo — compõem a estrutura central dessa construção.

Veja como aplicá-los, na prática, para consolidar uma marca pessoal autêntica e impactante.

1. **Propósito: liderança com sentido e direção**

   Líderes com propósito deixam uma marca que ultrapassa resultados. Eles mostram para o time que não estão apenas ocupando um cargo — estão a serviço de algo maior.

   Ação prática:

   - Reflita e escreva, com suas palavras, qual é seu propósito como líder.
   - Use esse propósito como filtro para suas decisões, conversas e prioridades.
   - Compartilhe esse propósito com sua equipe. Quando você explicita o "porquê" de suas atitudes, as pessoas passam a confiar mais em sua liderança.

2. **Posicionamento: presença que comunica valor**

   Seu posicionamento está no modo como você se expressa, reage, se apresenta e toma decisões. Ele mostra ao mundo o que é importante para você — e o que não é negociável.

Ação prática:

- Escolha dois ou três valores que guiam sua liderança (exemplo: integridade, escuta, agilidade).
- Verifique se sua comunicação está reforçando esses valores. Como você começa e conduz suas reuniões? Como você reage quando alguém erra?
- Observe se sua linguagem corporal, tom de voz e estilo de comunicação estão coerentes com a imagem que deseja fortalecer.

3. **Protagonismo: assumir sua trajetória com intenção**

O protagonista não espera ser reconhecido para se posicionar — ele se posiciona para ser reconhecido. Protagonismo é o ato de construir a própria reputação com clareza, responsabilidade e constância.

Ação prática:

- Liste três comportamentos que você deseja que as pessoas associem a você como líder (por exemplo: clareza, empatia, firmeza).
- Escolha um deles e identifique o que você pode fazer, diariamente, para reforçar esse atributo na prática.
- Assuma a responsabilidade de cuidar de sua reputação. Peça feedback com regularidade, estude sua imagem digital e faça ajustes quando necessário.

Líderes com uma marca pessoal bem construída não precisam gritar para serem ouvidos. Sua presença fala. Seu comportamento inspira. Sua coerência ensina.

12.4 A marca pessoal do líder humanizado

Você pode até não controlar tudo o que dizem sobre você — mas pode escolher com muita clareza a marca que quer deixar. E essa escolha começa no silêncio de suas atitudes cotidianas.

Líderes que constroem uma marca pessoal sólida e inspiradora não são aqueles que querem parecer perfeitos. São os que se posicionam com propósito, agem com consistência e assumem o protagonismo da própria trajetória.

Sua marca não se resume ao que você entrega em termos de metas. Ela está nas conversas que você tem, nos silêncios que oferece, nos exemplos que dá quando ninguém está olhando. Está no modo como você lida com o erro, com o conflito, com a diversidade de ideias — e, principalmente, com as pessoas.

Você não precisa ser famoso para ser referência. Precisa ser íntegro, coerente e comprometido com o impacto que gera ao seu redor.

Ao encerrar este capítulo, deixo uma pergunta-reflexão:

- Se hoje você saísse da organização em que está, o que as pessoas diriam que você deixou?
- Qual foi a marca que você plantou no caminho dos outros?

Se ainda não for aquela que você deseja, saiba: sempre é tempo de recomeçar. Toda marca pode ser ressignificada quando há intenção, autoconhecimento e ação consciente.

E falando em futuro, é com esse olhar que seguimos agora para o último capítulo da Parte IV. Porque, mais que deixar uma marca, o líder humanizado deve estar preparado para o que vem pela frente — tecnologia, inteligência artificial (IA) e relações humanas caminhando juntas.

No próximo capítulo, vamos refletir sobre o futuro da liderança e como as soft skills tornam-se, cada vez mais, o diferencial que a máquina não entrega — mas o humano bem desenvolvido, sim.

CAPÍTULO 13 - O FUTURO DA LIDERANÇA: IA, SOFT SKILLS E AS NOVAS DEMANDAS HUMANAS NO MUNDO DO TRABALHO

> O futuro não vai exigir que você seja mais técnico. Vai exigir que você seja mais humano.

Vivemos uma era de avanços tecnológicos acelerados. A inteligência artificial já está transformando o modo como nos comunicamos, tomamos decisões, contratamos, analisamos dados e até como cuidamos de pessoas. O que antes era visto como cenário de ficção científica, agora é parte do dia a dia em empresas dos mais diversos setores. Diante disso, é natural que muitos líderes se perguntem: qual será o meu papel em um mundo onde algoritmos assumem tarefas cada vez mais complexas?

A resposta não está em competir com a tecnologia — mas em complementar o que ela não pode substituir: o olhar humano, a escuta empática, a intuição relacional, o discernimento ético e a habilidade de inspirar e gerar sentido. É por isso que, paradoxalmente, quanto mais tecnológico se torna o mundo, mais humanas deverão ser as lideranças.

Neste capítulo, vamos explorar:

- Quais são as principais transformações no mundo do trabalho impulsionadas pela tecnologia e pela IA.
- Por que as soft skills são o maior diferencial dos líderes do futuro — e como desenvolvê-las intencionalmente.
- E como o líder pode preparar sua equipe para um cenário de constante mudança, sem perder a essência e a humanidade.

Mais que nunca, liderar será menos sobre controle — e mais sobre confiança. Menos sobre status — e mais sobre conexão. Menos sobre ter todas as respostas — e mais sobre formular as perguntas certas.

A revolução já começou. E o líder que deseja permanecer relevante deve ampliar o olhar, ajustar a rota e aprofundar o compromisso com o que nenhuma máquina jamais poderá oferecer: senso de propósito, integridade e relações genuínas.

13.1 A transformação do trabalho e o novo papel da liderança na era digital

Nas últimas décadas, o avanço da tecnologia tem redefinido o conceito de trabalho. A automação, o uso de algoritmos e a inteligência artificial tornaram-se protagonistas de processos antes considerados exclusivamente humanos. Tarefas analíticas, operacionais e até mesmo criativas estão sendo otimizadas por sistemas cada vez mais precisos, rápidos e acessíveis.

De acordo com o relatório *The Future of Jobs* (Fórum Econômico Mundial, 2023), estima-se que cerca de 44% das habilidades que os profissionais usam hoje deixarão de ser relevantes nos próximos cinco anos. Em contrapartida, as competências mais valorizadas serão ligadas ao pensamento crítico, empatia, colaboração, flexibilidade e inteligência emocional.

Isso sinaliza uma mudança profunda no papel da liderança. Não basta mais ser alguém que conhece processos e comanda equipes. O líder do futuro é aquele que sabe navegar na complexidade, criar ambientes seguros para adaptação constante e liderar pessoas em um mundo onde a única certeza é a mudança.

Essas transformações colocam os líderes diante de um desafio inédito: equilibrar tecnologia e humanidade. A digitalização pode até acelerar resultados, mas apenas líderes preparados emocionalmente conseguirão sustentar equipes motivadas, engajadas e resilientes diante de tantas rupturas.

Mais que gerenciar sistemas, o líder será responsável por manter vivo aquilo que nenhuma IA consegue produzir: relações de confiança, cultura de pertencimento, pensamento crítico e colaboração autêntica. Esse novo cenário não exige apenas atualização técnica — exige atualização de consciência. E essa atualização começa pelas soft skills.

13.2 Soft skills como diferencial estratégico na liderança do futuro

Em um mundo onde a tecnologia aprende sozinha, executa tarefas com precisão e gera insights em segundos, o que permanece insubstituível é o fator humano.

É aí que entram as soft skills — e não como um complemento "agradável", mas como elemento central da liderança do presente e do futuro.

Soft skills não são apenas "habilidades sociais". Elas envolvem a capacidade de gerenciar emoções, comunicar-se com clareza, adaptar-se a mudanças, tomar decisões éticas, escutar com empatia, colaborar em equipes diversas e liderar com visão de longo prazo.

Segundo o Fórum Econômico Mundial (2023), as cinco habilidades mais importantes para os próximos anos são:

1. Pensamento analítico e inovação.
2. Resiliência, flexibilidade e agilidade.
3. Curiosidade e aprendizado contínuo.
4. Empatia e escuta ativa.
5. Liderança e influência social.

Essas são competências que não podem ser automatizadas e definem o valor de um líder em tempos de transição.

Soft skills não se desenvolvem em planilhas, mas no cotidiano: em conversas difíceis, em decisões éticas, no modo como se lida com o erro e na coragem de ser vulnerável. Por isso, a liderança humanizada é, mais que uma escolha ética, uma estratégia inteligente de futuro.

As empresas já estão percebendo isso. Um estudo da Deloitte (2020) revelou que organizações com líderes emocionalmente inteligentes têm:

- quatro vezes mais chance de engajar seus talentos.
- três vezes mais probabilidade de inovar de modo consistente.
- e maior índice de retenção em equipes de alta performance.

Desenvolver soft skills é, portanto, um investimento direto em competitividade e sustentabilidade. A questão é: como o líder pode cultivar essas habilidades em meio a um cenário de tanta pressão e velocidade? Essa é a pergunta que vamos responder no próximo bloco.

13.3 Como desenvolver soft skills de modo contínuo e prático, mesmo em ambientes desafiadores

Soft skills não são adquiridas em um certificado. Elas se constroem no cotidiano — no modo como você escolhe reagir diante de situações complexas, como você se relaciona com diferentes perfis e em sua disponibilidade de aprender com cada interação.

Mas se essas habilidades não são ensinadas do mesmo modo que as técnicas, como desenvolvê-las de maneira prática, especialmente em ambientes de alta pressão?

A resposta está em três pilares:

1. **Autopercepção e feedback contínuo**

   A consciência é a base de toda mudança. Para desenvolver uma soft skill, primeiro é necessário reconhecê-la — ou a ausência dela. O autoconhecimento e o feedback são ferramentas poderosas para isso.

   Uma prática simples: escolha uma soft skill que deseja desenvolver (por exemplo, escuta ativa). Pergunte a pessoas de confiança como elas percebem essa habilidade em você. Anote padrões. Observe-se em situações reais. E depois: teste novos comportamentos. Ajuste. Evolua.

2. **Microações consistentes**

   Não espere grandes transformações da noite para o dia. A mudança ocorre em pequenos gestos repetidos com intenção. Para desenvolver empatia, por exemplo, comece por escutar sem interromper. Para melhorar sua clareza de comunicação, revise seus e-mails antes de enviar. Para aumentar sua adaptabilidade, abra espaço para ouvir ideias que desafiem as suas.

   A repetição de pequenas ações é o que transforma comportamento em competência.

3. **Ambientes que favorecem a aprendizagem**

   Você pode se esforçar muito, mas se estiver inserido em um ambiente que valoriza apenas produtividade, controle e metas curtas, dificilmente desenvolverá soft skills com profundidade. Por isso, líderes devem não só desenvolver essas habilidades individualmente mas também criar contextos em que sua equipe também possa crescer emocionalmente. Ambientes emocionalmente seguros, onde há espaço para erro, feedback e diálogo, são os maiores impulsionadores do desenvolvimento humano.

Desenvolver soft skills não é uma fase: é um processo contínuo, que exige intenção, vulnerabilidade e prática real. E, ao contrário do que se pensa, é possível começar hoje — com o que você tem, no lugar onde você está.

13.4 O futuro pertence aos líderes com consciência relacional e visão de impacto

As revoluções tecnológicas continuarão ocorrendo. Inteligência artificial, automação, big data e algoritmos estão reformulando os negócios, os processos e os modelos de gestão em uma velocidade sem precedentes. Mas, diante de tudo isso, uma verdade permanece inabalável: é a qualidade das relações que sustenta qualquer transformação relevante.

As máquinas calculam. Os dados orientam. Mas quem cuida, conecta, inspira e transforma são os líderes que cultivam presença, empatia e consciência de impacto. E esse tipo de liderança não é mais um diferencial. É uma exigência do tempo em que vivemos.

O futuro da liderança não exige perfeição — exige maturidade emocional e compromisso com as pessoas. Exige líderes que entendem de relações, que reconhecem o poder de sua escuta e de sua postura, e que têm coragem de criar ambientes mais respeitosos, consistentes e colaborativos.

Se você chegou até aqui, já está dando passos nessa direção. Já compreendeu que liderar é muito mais que gerenciar tarefas: é nutrir vínculos, fortalecer a cultura e despertar o melhor de cada pessoa — inclusive de si mesmo.

O que vem a partir de agora depende de sua disposição em aplicar o que aprendeu, experimentar novas abordagens, assumir seu posicionamento com intencionalidade e conduzir suas equipes com clareza, escuta e propósito.

CONSIDERAÇÕES FINAIS

Ao longo desta jornada, exploramos muito mais que conceitos sobre liderança. Falamos sobre pessoas, relações, escolhas e impactos. Falamos sobre o que sustenta uma liderança que inspira e transforma — não por imposição, mas por presença, escuta, respeito e coerência.

A liderança humanizada, como vimos, não é um estilo. É uma decisão. É entender que resultados sustentáveis vêm de ambientes emocionalmente saudáveis, onde pessoas se sentem vistas, respeitadas e desafiadas a crescer.

Não há atalhos. A implementação dessa liderança exige esforço contínuo, reflexão sincera e prática deliberada. Especialmente em ambientes marcados por culturas rígidas, alta pressão ou modelos de gestão autoritários. É justamente nesses lugares, porém, que ela se torna mais urgente — e mais transformadora.

A boa notícia é que esse caminho pode começar hoje. A seguir, veja algumas atitudes-chave que sustentam essa prática:

1. **Pratique autoconhecimento constantemente**

   A transformação começa de dentro. Faça autoavaliações, busque feedbacks e se observe com honestidade. Quanto mais clareza você tiver sobre suas emoções, padrões e intenções, mais consciente será sua liderança.

2. **Invista no desenvolvimento de suas soft skills**

   Aprenda sobre comunicação afetiva, escuta ativa, empatia, gestão de conflitos. Participe de mentorias, grupos de prática, cursos e formações. Habilidade interpessoal não é talento — é treino.

3. **Crie uma cultura de feedback, autoquestionamento e diálogo**

   Abrir espaço para conversas sinceras fortalece a confiança, a autonomia e o senso de pertencimento. Feedback não é julgamento — é construção conjunta de caminhos.

4. **Valorize a diversidade e promova inclusão real**

   A liderança humanizada reconhece o valor das diferenças e cria espaços em que todas as vozes têm vez. Equipes plurais entregam mais inovação, maturidade e resultados duradouros.

5. **Humanize suas relações**

Pergunte mais. Escute com presença. Demonstre cuidado. Troque o "e aí, tudo certo?" por "como você está de verdade?". Relações de confiança nascem de pequenos gestos consistentes.

Nada disso exige um título, um cargo alto ou permissão formal. Exige consciência e escolha. Exige entender que todo líder, independentemente de onde esteja, tem o poder de moldar a cultura ao seu redor — pelo modo como age, fala, corrige, reconhece e se posiciona.

Liderança humanizada é aquela que entende que o impacto vem antes do resultado — e que resultado sem impacto positivo é caminho vazio.

Agora que você conhece os fundamentos dessa liderança, o próximo passo é colocar em prática.

No Anexo B deste livro, você encontrará dinâmicas e exercícios que podem ser aplicados com sua equipe ou em processos de mentoria, treinamento e autodesenvolvimento. Use esse material para transformar conteúdo em experiência, e conhecimento em ação.

Você não precisa estar pronto para começar. Precisa apenas estar disposto. Porque a liderança que transforma começa com um líder que escolhe começar — por si, pelos outros, pelo futuro.

REFERÊNCIAS

3M DO BRASIL. "Relatório de Inovação Aberta 2023." Sumaré, SP: 3M, 2024. Disponível em: https://www.3m.com.br/inovacao/relatorio-2023. Acesso em: 19 maio 2025.

BOOTHMAN, Nicholas. *Como convencer alguém em 90 segundos: técnicas eficazes para melhorar relacionamentos pessoais e profissionais.* Tradução de Cláudia Freire. São Paulo: Sextante, 2006.

BOWER, Sharon Anthony; BOWER, Gordon H. *Asserting yourself: a practical guide for positive change.* Cambridge: Da Capo Press, 2004.

BRASIL. Ministério da Saúde. *Boletim Epidemiológico — Afastamentos por transtornos mentais relacionados ao trabalho.* Brasília, 2024. Disponível em: https://www.gov.br/saude/boletim-afastamentos-2024. Acesso em: 19 maio 2025.

CARNEGIE, Dale. *Como fazer amigos e influenciar pessoas.* Tradução de Dorival Vitor Lopes. São Paulo: Companhia Editora Nacional, 2012.

CATALYST. *The power of empathy in times of crisis and beyond.* Disponível em: https://www.catalyst.org/research/empathy-workplace-leadership/. Acesso em: 24 maio 2025.

CREDAGIL. Entrevista com o Chief People Officer. Belo Horizonte: 2 maio 2025. Entrevista concedida à autora.

CUDDY, Amy. *Presença: traga seu eu mais confiante para os maiores desafios da vida.* Tradução de Afonso Celso da Cunha Serra. Rio de Janeiro: Sextante, 2016.

CUDDY, Amy. "Your body language may shape who you are". TED Talks, 2012. Disponível em: https://www.ted.com/talks/amy_cuddy_your_body_language_may_shape_who_you_are. Acesso em: 24 maio 2025.

CURRAN, Thomas; HILL, Andrew P. "Perfectionism is increasing over time: a meta-analysis of birth cohort differences from 1989 to 2016." *Journal of Personality*, v. 86, n. 4, p. 522-542, 2018.

DECI, Edward L.; KOESTNER, Richard; RYAN, Richard M. *A meta-analytic review of experiments examining the effects of extrinsic rewards on intrinsic motivation.* Psychological Bulletin, v. 125, n. 6, p. 627-668, 1999.

DECI, Edward L.; KOESTNER, Richard; RYAN, Richard M. *A meta-analytic review of experiments examining the effects of extrinsic rewards on intrinsic motivation.* Psychological Bulletin, v. 125, n. 6, p. 627-668, 1999. DOI: 10.1037/0033-2909.125.6.627.

DECI, Edward L.; RYAN, Richard M. *Intrinsic motivation and self-determination in human behavior.* New York: Plenum Press, 1985.

DELOITTE. *Humanized leadership report: impacto em EBITDA.* São Paulo: Deloitte University Press, 2024. Disponível em: https://www2.deloitte.com/br/relatorio-humanized-leadership-2024. Acesso em: 19 maio 2025.

DiFonzo, N.; Bordia, P. "Boatos no ambiente de trabalho: extensão e impacto." *Journal of Business and Psychology*, v. 21, n. 2, p. 201-210, 2006.

DYER, Geoff; CHALMERS, Bob. *Project Aristotle: the five dynamics of successful teams.* Google re:Work, 2016. Disponível em: https://rework.withgoogle.com/print/guides/5721312655835136/. Acesso em: 21 maio 2025.

DWECK, Carol S. *Mindset: a nova psicologia do sucesso.* Tradução de Heloísa Moura. São Paulo: Objetiva, 2017.

EDMONDSON, Amy C.; HUGANDER, Per. *Skills training links psychological safety to revenue growth.* MIT Sloan Management Review, Cambridge, 26 ago. 2024. Disponível em: https://sloanreview.mit.edu/article/skills-training-links-psychological-safety-to-revenue-growth/. Acesso em: 24 maio 2025.

FEDEX CORPORATION. *Global ESG Report 2024.* Memphis: FedEx, 2024. Disponível em: https://www.fedex.com/en-us/about/esg/report-2024.html. Acesso em: 19 maio 2025.

FUNDAÇÃO DOM CABRAL. Pesquisa "Líderes e Soft Skills no Brasil". Belo Horizonte, 2024. Disponível em: https://www.fdc.org.br/softskills-2024. Acesso em: 19 maio 2025.

GAGNÉ, Marylène; DECI, Edward L. "Self-determination theory and work motivation." *Journal of Organizational Behavior*, v. 26, n. 4, p. 331-362, 2005. DOI: 10.1002/job.322.

GALLASCH, Cristiane Helena; ALMEIDA, Mirian Cristina dos Santos; MARZIALE, Maria Helena Palucci. "O papel do enfermeiro do trabalho na monitorização de casos positivos para a covid-19 numa instituição do Norte de Portugal." In: 3rd *International Congress Of Occupational Health Nursing*, 2021. Anais [...]. Disponível em: https://i-d.esenf.pt/wp-content/uploads/2024/01/3rd-International-Congress-of-Ocupational-Health-Nursing.pdf. Acesso em: 25 maio 2025.

GALLUP. State of the Global Workplace — Relatório Brasil 2024. Washington, DC: Gallup Press, 2024. Disponível em: https://www.gallup.com/state-of-global-workplace-2024-brazil. Acesso em: 19 maio 2025.

GALLUP. State of the Global Workplace 2021 Report. Washington, D.C., 2021. Disponível em: https://www.gallup.com/workplace/349484/state-of-the-global-workplace-2021-report.aspx. Acesso em: 24 maio 2025.

GOLEMAN, Daniel. "What makes a leader?" Harvard Business Review, v. 76, n. 6, p. 93-102, 1998.

GOOGLE. Re:Work – Guide: understand team effectiveness. [S.l.]: Google, 2016. Disponível em: https://rework.withgoogle.com/print/guides/5721312655835136/. Acesso em: 24 maio 2025.

GREAT PLACE TO WORK BRASIL. Relatório "Demissão & Liderança Humana". São Paulo, 2024. Disponível em: https://gptw.com.br/estudo-demissao-lideranca-2024. Acesso em: 19 maio 2025.

GROYSBERG, Boris; ABRAHAMS, Robin; BADEN, Katherine Connolly. "Leader as a communicator." Harvard Business Review, 12 abr. 2024. Disponível em: https://store.hbr.org/product/leader-as-a-communicator/424045. Acesso em: 24 maio 2025.

JOHNSON & JOHNSON. "Relatório de Impacto Social e Desenvolvimento de Liderança 2024". São Paulo: Johnson & Johnson do Brasil Indústria e Comércio de Produtos para Saúde Ltda., 2024. Disponível em: https://www.jnjbrasil.com.br/relatorio-impacto-2024. Acesso em: 19 maio 2025.

KOBER, J. Jeff. Reward & recognition at the Walt Disney World Resort. World Class Benchmarking, 2016. Disponível em: https://worldclassbenchmarking.com/reward-recognition-at-the-walt-disney-world-resort/. Acesso em: 25 maio 2025.

KORN FERRY INSTITUTE. *Global leadership forecast 2021: empower your people and organization to change faster and better.* Los Angeles: Korn Ferry, 2021.

LIEBERMAN, Matthew D. *Emotion labeling reduces neural response to affective stimuli.* UCLA Social Cognitive Neuroscience Lab, 2023. Disponível em: https://socialcogneuro.ucla.edu/publications. Acesso em: 20 maio 2025.

LOCKWOOD, Penelope; WHITING, Jeannette B.; DUNN, Marti. "Upward and downward social comparison: the case of the chosen." Journal of Personality and Social Psychology, v. 82, n. 2, p. 266-280, 2002.

MAGAZINE LUIZA. "Relatório Anual — Cultura & Gente 2018-2020." Franca, SP, 2021. Disponível em: https://ri.magazineluiza.com.br/relatorio-anual. Acesso em: 19 maio 2025.

MAYO CLINIC. *Being assertive: Reduce stress, communicate better.* Disponível em: https://www.mayoclinic.org/healthy-lifestyle/stress-management/in-depth/assertive/art-20044644. Acesso em: 24 maio 2025.

MEHRABIAN, Albert. *Silent messages: implicit communication of emotions and attitudes.* Belmont, CA: Wadsworth, 1971.

MICROSOFT CORPORATION. Work Trend Index 2024 — Great Expectations: Making Hybrid Work Work. Redmond, WA: Microsoft WorkLab, 2024. Disponível em: https://www.microsoft.com/worklab/work-trend-index/great-expectations--making-hybrid-work-work. Acesso em: 19 maio 2025.

MIT SLOAN MANAGEMENT REVIEW. The Collaboration Premium: How Safety and Autonomy Drive Performance. Cambridge, MA: MIT SMR, 2024. Disponível em: https://sloanreview.mit.edu/projects/the-collaboration-premium. Acesso em: 19 maio 2025.

ROSENBERG, Marshall B. *Comunicação não violenta: técnicas para aprimorar relacionamentos pessoais e profissionais.* 3. ed. São Paulo: Ágora, 2006.

SANTANA, Roberta Xavier de. "Inteligência emocional e a liderança a partir do estudo de caso com a empresa Amarante." Portal de Trabalhos Acadêmicos da Faculdade Damas da Instrução Cristã, v. 3, n. 3, 2022. Disponível em: https://revistas.faculdadedamas.edu.br/index.php/academico/article/view/3036. Acesso em: 21 maio 2024.

SMYTH, J. M. *et al.* "Writing about emotional experiences as a therapeutic process for chronic illness patients." Journal of Health and Psychology, v. 23, n. 3, p. 305-317, 2018.

SPREITZER, Gretchen; PORATH, Christine. "Why organizations need to focus on energizing their employees." Harvard Business Review, 24 feb. 2014. Disponível em: https://hbr.org/2014/02/why-organizations-need-to-focus-on-energizing--their-employees. Acesso em: 25 maio 2025.

TALENTSMART. *Emotional intelligence appraisal research report.* San Diego, CA: TalentSmart, 2020.

UCLA MINDFUL AWARENESS RESEARCH CENTER. *Respiratory intervals and cortisol reduction: a 2023 pilot study.* Los Angeles: Ucla Marc, 2023.

WORLD ECONOMIC FORUM. *Future of jobs report 2024.* Genebra: WEF, 2024. Disponível em: https://www.weforum.org/reports/future-of-jobs-report-2024. Acesso em: 20 maio 2025.

ZAK, Paul J. *The neuroscience of trust.* Harvard Business Review, Boston, v. 95, n. 1, p. 84-90, jan./fev. 2017. Disponível em: https://hbr.org/2017/01/the-neuroscience-of-trust. Acesso em: 24 maio 2025.

ANEXO A - Perfis comportamentais DISC

Conhecer seu perfil é receber o manual de uso de seus talentos — e dos riscos que vêm no mesmo pacote.

Como usar este anexo

- Leia o retrato de alta e baixa intensidade de cada fator.
- Marque os trechos que descrevem seu comportamento na maior parte do tempo.
- Escolha uma pergunta de coaching como foco de desenvolvimento nos próximos 30 dias.
- Compartilhe o anexo com um colega de confiança; peça um exemplo que comprove ou conteste sua autoavaliação.

1. **Dominância (D)**

   Alta intensidade

   - Forças: decisão rápida, foco em metas, coragem para assumir riscos.
   - Riscos: impaciência, delegação insuficiente, pode soar autoritário.
   - Estilo de liderança: direto, orientado a resultados, eficiente em crises.
   - Pergunta de coaching: quanto espaço real estou dando para as ideias do time aparecerem antes da minha decisão?
   - Estratégia de ganho rápido: praticar a regra "80/20 de fala" — ouvir 80% antes de falar 20% em uma reunião.

   Baixa intensidade

   - Forças: colaborativo, diplomático, reduz conflitos.
   - Riscos: pode evitar decisões difíceis, excesso de busca por consenso.
   - Pergunta de coaching: quando a equipe precisa de direção clara, eu demoro a me posicionar?

2. **Influência (I)**

Alta intensidade

- Forças: carisma, persuasão, rede de contatos robusta, otimismo.
- Riscos: dispersão, prometer mais do que cumpre, evitar conversas difíceis.
- Estilo de liderança: motivador, inspirador, cria ambiente energizado.
- Pergunta de coaching: tenho clareza do limite entre motivar e superprometer?
- Estratégia de ganho rápido: agendar 15 minutos pós-reunião para sintetizar decisões por escrito e enviar ao time.

Baixa intensidade

- Forças: foco em tarefas, capacidade analítica, comunicação direta.
- Riscos: pode ser percebido como distante, networking limitado.
- Pergunta de coaching: que rituais simples posso criar para celebrar vitórias do time e construir conexão?

3. **Estabilidade (S)**

Alta intensidade

- Forças: paciência, empatia, confiabilidade, ritmo constante.
- Riscos: resistência a mudanças, dificuldade em dizer "não".
- Estilo de liderança: mentor, cria ambientes seguros, sustenta processos.
- Pergunta de coaching: quais mudanças recentes eu abracei ativamente em vez de esperar a tempestade passar?
- Estratégia de ganho rápido: antes de negar uma mudança, listar três benefícios que ela pode trazer para a equipe.

Baixa intensidade

- Forças: agilidade, flexibilidade, abertura a novidades.
- Riscos: pode gerar insegurança no time, mudar de ideia com frequência.
- Pergunta de coaching: como sinalizo com antecedência as mudanças que proponho para reduzir a ansiedade da equipe?

4. Conformidade (C)

Alta intensidade

- Forças: precisão, qualidade, pensamento analítico, gestão de risco.
- Riscos: perfeccionismo, hesitação para decidir sem dados completos.
- Estilo de liderança: técnico, orientado a normas, garante padrões elevados.
- Pergunta de coaching: qual decisão de baixo risco posso tomar com 70% de dados para ganhar velocidade?
- Estratégia de ganho rápido: definir um "ponto satisfatório" (good-enough point) para cada entrega.

Baixa intensidade

- Forças: criatividade, inovação, tolerância ao risco.
- Riscos: descuido com detalhes, pode quebrar regras essenciais.
- Pergunta de coaching: tenho revisores que garantem a qualidade final antes da entrega?

Checklist prático: como meu estilo se comporta em situações reais?

Marque ✓ se você já pratica e deixe o ☐ vazio se o campo precisa de atenção:

SITUAÇÃO	D ALTO	I ALTO	S ALTO	C ALTO
Dar feedback difícil	☐	☐	☐	☐
Conduzir brainstorm	☐	☐	☐	☐
Tomar decisão urgente	☐	☐	☐	☐
Escrever procedimento	☐	☐	☐	☐

Preencha e escolha um quadrinho que ficou em branco para treinar nos 7 dias seguintes.

Dica final: os perfis explicam seus padrões de comportamento — mas não determinam seu destino. Use-os como bússola, não como algema.

ANEXO B - DINÂMICAS E PRÁTICAS PARA DESENVOLVER SOFT SKILLS NA LIDERANÇA

Soft skills não se desenvolvem apenas com leitura — elas se consolidam na prática.

Liderar com empatia, escuta ativa, clareza e consciência relacional exige treino. Este anexo reúne exercícios, dinâmicas e práticas coletivas que você pode aplicar em seu time, em processos de mentoria, em encontros de desenvolvimento ou até individualmente, como líder.

Todas as propostas aqui foram pensadas para transformar os conceitos apresentados ao longo do livro em ações concretas e vivas, que provoquem reflexão, fortaleçam vínculos e criem contextos reais para o amadurecimento das soft skills.

São práticas acessíveis, com poucos recursos, mas grande potencial de impacto — porque, no fim das contas, o que transforma uma equipe não são fórmulas complexas, mas, sim, relações mais verdadeiras e conversas mais significativas.

Sinta-se livre para adaptar cada dinâmica à sua realidade e à maturidade de seu grupo. E lembre-se: quanto mais você viver o processo com a equipe, mais genuína será a transformação.

1. **Roda da confiança**

   Objetivo: fortalecer vínculos e abrir espaço para a escuta ativa e o feedback respeitoso

   Tempo estimado: 30-45 minutos

   Como aplicar:

   1. Forme um círculo com a equipe.
   2. Inicie com a pergunta: "o que você mais valoriza na pessoa à sua direita?"
   3. Cada integrante compartilha um elogio genuíno.
   4. (Opcional) Se o grupo tiver maturidade, faça uma segunda rodada com feedback construtivo, sempre com respeito e foco em desenvolvimento.

Por que usar: desenvolve empatia, promove reconhecimento mútuo e prepara o terreno para feedbacks mais estruturados no dia a dia.

2. **Pote da coragem (inspirado em Brené Brown)**

   Objetivo: estimular comportamentos que reforçam confiança, ética e colaboração

   Tempo estimado: atividade contínua, com checagens semanais

   Como aplicar:

   1. Disponibilize um pote transparente e papéis ou bolinhas.
   2. Sempre que alguém tomar uma atitude corajosa, empática ou colaborativa, a equipe pode registrar e colocar no pote.
   3. Ao completar o pote, façam juntos uma pequena celebração simbólica.

   Por que usar: cria visibilidade para atitudes positivas e estimula uma cultura de confiança e valorização cotidiana.

3. **Mapa de talentos**

   Objetivo: identificar os pontos fortes da equipe e conectar talentos com oportunidades reais de atuação

   Tempo estimado: 60 minutos

   Como aplicar:

   1. Peça a cada pessoa que escreva três habilidades das quais se orgulha.
   2. Cada um compartilha com o grupo e o líder registra em um quadro ou mural.
   3. Após todos os compartilhamentos, explore em grupo como esses talentos podem ser aplicados ou mais bem aproveitados nos projetos atuais.

   Por que usar: estimula a autopercepção, valoriza os saberes existentes e fortalece a colaboração com base em competências reais.

4. **Tempestade de gratidão**

   Objetivo: promover reconhecimento mútuo e fortalecer a segurança psicológica no time

   Tempo estimado: 20-30 minutos

   Como aplicar:

   1. Distribua cartões ou papéis para que cada pessoa escreva algo que admira ou agradeça a um colega.
   2. As mensagens podem ser lidas em voz alta (pelo autor ou pelo facilitador) ou entregues de modo anônimo.
   3. Ideal para encerrar ciclos, projetos ou momentos de transição.

   Por que usar: reforça o pertencimento, cria um clima de valorização mútua e aproxima os membros da equipe.

5. **Desafio da torre**

   Objetivo: trabalhar cooperação, escuta e tomada de decisão sob pressão

   Tempo estimado: 30-40 minutos

   Materiais sugeridos: palitos de sorvete, fita-crepe, papel, canudos, barbante

   Como aplicar:

   1. Divida a equipe em pequenos grupos.
   2. Cada grupo deve construir a torre mais alta e estável com os materiais disponíveis, em 15-20 minutos.
   3. No fim, promova uma conversa:
      - Como foi a comunicação?
      - Quem assumiu a liderança?
      - O que ajudou ou atrapalhou a colaboração?

   Por que usar: revela dinâmicas de grupo, desenvolve liderança situacional e promove alinhamento sob tensão leve.

6. **Linha do tempo da equipe**

   Objetivo: reconhecer marcos da jornada coletiva e reforçar o senso de propósito compartilhado

   Tempo estimado: 60-90 minutos

   Como aplicar:

   1. Desenhe uma linha do tempo grande em um mural.
   2. Cada pessoa deve inserir eventos importantes que viveu com o time: projetos marcantes, desafios superados, vitórias simbólicas.
   3. Depois, conversem sobre o que foi aprendido e vivido.
   4. Finalize com a pergunta: "qual será o próximo marco dessa equipe?"

   Por que usar: conecta história com propósito, reforça vínculos e cria um sentimento de continuidade no grupo.

7. **Dinâmica dos valores compartilhados**

   Objetivo: alinhar valores individuais aos valores coletivos da equipe

   Tempo estimado: 60 minutos

   Como aplicar:

   1. Cada pessoa lista 5 valores que considera fundamentais no ambiente de trabalho.
   2. Em duplas ou trios, compartilham e escolhem 3 valores em comum.
   3. Depois, o grupo todo debate até chegar a apenas uma lista de valores centrais do time.
   4. Crie um mural com esses valores e mantenha visível como norte cultural.

   Por que usar: fortalece a cultura da equipe e facilita tomadas de decisão com base em princípios compartilhados.

8. **Reescrevendo a narrativa**

   Objetivo: trabalhar crenças limitantes e incentivar a ressignificação de erros como oportunidades de crescimento

Tempo estimado: 40-60 minutos

Como aplicar:

1. Peça para cada pessoa escrever, anonimamente, uma frase que costuma pensar em momentos de fracasso ou erro (exemplo: "Nunca consigo liderar bem" ou "Não sou bom o suficiente para isso").
2. Cole as frases em um painel (ou leia algumas aleatoriamente, sem expor quem escreveu).
3. Em pequenos grupos, convide os participantes a ressignificar as frases, transformando-as em afirmações com mentalidade de crescimento (exemplo: "Estou aprendendo a liderar com mais consciência e posso crescer com cada experiência").
4. Compartilhe as novas versões e faça um fechamento coletivo: o que muda quando mudamos o modo de pensar?

Por que fazer: desenvolve autorresponsabilidade, segurança psicológica e abre espaço para vulnerabilidade com coragem.

9. **Comunicação não violenta em quatro passos**

Objetivo: treinar a CNV com base em situações reais do trabalho

Tempo estimado: 45 minutos

Como aplicar:

1. Apresente os quatro passos da CNV (de Marshall Rosenberg):
   - Observação sem julgamento
   - Sentimento
   - Necessidade
   - Pedido
2. Peça para cada pessoa escrever, em um papel, uma situação recente em que teve um conflito ou incômodo com alguém da equipe.
3. Em duplas (ou grupos seguros), os participantes reconstruirão essa situação usando os quatro passos, transformando a crítica em um pedido respeitoso.

4. Compartilhe insights no grupo (sem expor o conteúdo confidencial).

   Por que fazer: melhora a clareza na comunicação, reduz julgamentos e fortalece o respeito nas relações interpessoais.

10. **Cocriação sob pressão**

Objetivo: estimular colaboração, agilidade e escuta ativa em momentos de divergência

Tempo estimado: 50-60 minutos

Como aplicar:

1. Divida o grupo em duplas com estilos ou perfis diferentes (exemplo: analítico e influente).
2. Apresente um problema fictício ou real da equipe (exemplo: "O prazo para entrega foi encurtado em 50% e a equipe está sobrecarregada").
3. Cada dupla terá 15 minutos para construir uma solução que atenda a ambos os lados da situação.
4. No fim, cada um compartilha a proposta com o grupo e reflete sobre:
   - Como chegaram a um consenso?
   - O que ajudou a ouvir o outro sem invalidar a própria visão?
   - O que levariam para a prática com base nisso?

   Por que fazer: desenvolve pensamento sistêmico, flexibilidade, escuta e foco em soluções em contextos de tensão ou conflito.

Ficha de Aplicação — Dinâmicas de desenvolvimento de soft skills

Nome da dinâmica aplicada:

____

Data de aplicação: ____/____/____

Nome(s) do facilitador/líder responsável:

____

Contexto ou momento da equipe em que a dinâmica foi aplicada:

(ex.: início de um novo projeto, fase de integração, momento de reestruturação, necessidade de reforçar vínculos etc.)

____

____

Objetivo da dinâmica (por que foi escolhida?):

____

____

Público envolvido:

☐ Equipe completa

☐ Subgrupo específico

☐ Lideranças

☐ Outro: ______________________

Tempo total de duração (estimado): ______ minutos

Como a dinâmica foi recebida pela equipe?

☐ Muito bem recebida

☐ Parcialmente receptiva

☐ Recepção difícil ou com resistência

Principais comportamentos observados durante a atividade:

- ____
- ____
- ____

Momentos marcantes ou falas que merecem registro:

____

____

Aprendizados principais percebidos após a aplicação:

____

____

Ações de acompanhamento planejadas (se houver):

☐ Repetir a dinâmica em outro momento

☐ Criar plano de ação com base nos insights

☐ Agendar conversas individuais

☐ Incorporar elemento da dinâmica à rotina

☐ Outra: ____________________

Autoavaliação do líder/facilitador sobre a condução:

O que funcionou bem? O que poderia ser feito de maneira diferente?

____

____

____

Dinâmicas que transformam relações, não apenas resultados

Nenhuma ferramenta é mais poderosa que uma liderança presente, que observa, escuta e age com intenção.

As dinâmicas e práticas reunidas nesta seção não são atividades "para preencher agenda". Elas são convites. Convites para criar novos espaços de troca, para construir segurança psicológica, para revelar talentos escondidos, resgatar conexões adormecidas e tornar o desenvolvimento de soft skills uma realidade viva — e não apenas uma meta de formação.

Você pode adaptar, misturar, reinventar cada proposta conforme a maturidade da equipe, o momento da organização e o próprio estilo de liderança. O mais importante é que cada prática seja conduzida com coerência, respeito e propósito claro.

Lembre-se: não se trata de aplicar uma técnica, mas de facilitar um processo de crescimento. De abrir espaço para que pessoas conversem melhor, se conheçam mais, colaborem com mais confiança — e, assim, entreguem mais, sem abrir mão daquilo que as mantém inteiras.

Se apenas uma conversa mudar o clima de sua equipe, já valeu.

Se uma dinâmica revelar um talento novo, já valeu.

Se um pequeno gesto criar mais sentido no trabalho de alguém, já valeu.

Porque liderar é isto: cultivar impacto por meio das relações que você constrói.

Volte a esta seção sempre que precisar de inspiração para fazer isso acontecer. E leve com você a certeza de que, quando o líder muda o modo de se comunicar e se relacionar, o time inteiro começa a se desenvolver com ele.

A Editora Senac Rio publica livros nas áreas de Beleza e Estética, Ciências Humanas, Comunicação e Artes, Desenvolvimento Social, Design e Arquitetura, Educação, Gastronomia e Enologia, Gestão e Negócios, Informática, Meio Ambiente, Moda, Saúde, Turismo e Hotelaria.

Visite o site **www.rj.senac.br/editora**, escolha os títulos de sua preferência e boa leitura.

Fique atento aos nossos próximos lançamentos!

À venda nas melhores livrarias do país.

Editora Senac Rio
Tel.: (21) 2018-9020 Ramal: 8516 (Comercial)
comercial.editora@rj.senac.br

Fale conosco: faleconosco@rj.senac.br

Este livro foi composto nas tipografias Berlin Sans FB, Bodoni Egyptian e Leo e impresso por Coan Indústria Gráfica Ltda., em papel offset 90 g/m^2, para a Editora Senac Rio, em outubro de 2025.